WORD SEARCH PUZZLES FOR

Couples

A FUN RELATIONSHIP THEMED ACTIVITY BOOK

Word Search Puzzles for Couples: A Fun Relationship Themed Activity Book

Copyright © 2022 by Ashley and Marcus Kusi.

All Rights Reserved. No part of this book or any of its contents may be reproduced, copied, modified, distributed, stored, transmitted in any form or by any means, or adapted without the prior written consent of the authors and publisher.

The views expressed herein are those of the authors alone and should not be taken as professional advice. The information presented is intended for informational purposes only. The reader is responsible for his or her own actions.

ISBN: 978-1-949781-24-3

JOIN OUR COMMUNITY

To receive updates about future books, our monthly inspirational newsletter for couples, and more, visit the website below to join our book fan community today.

www.ourpeacefulfamily.com/bookfan

DEDICATION

To couples who are always looking for new ways to enhance their relationship.

CONTENTS

What to Expect...i
72 Word Search Puzzles...1
Thank You..73
Other Books by Ashley and Marcus..74
About the Authors...75
Solutions..76

WHAT TO EXPECT

You will find 72 unique word search puzzles about sex, finances, intimacy, relationship skills, hobbies, couple goals, and more to solve. The puzzles are arranged horizontally, vertically, and diagonally with some words overlapping and crossing each other.

To make it easier for you and your partner to work on different puzzles or have a fun competition, simply cut out the pages you want and work on it individually. We've also included the solutions for each puzzle at the back of the book to reference.

Even better, use this word search puzzle book to have more fun with your partner, discover new things to talk about, and strengthen your relationship.

Now, get a pen or pencil out, and get started on your first word search puzzle!

WHEN YOU THINK ABOUT LOVE

```
I V P I S R Q E Y A M A E F H V J N E T
K X U D W B E L S E L F L E S S N E S S
Y Q I L I F X S Q H G X E I U Z H W N T
Y Q M A N O E T P C O N N E C T I O N S
F A F M W E T E E E E J Y Y S G I M E W
R C U F N T R H L N C S E O O T P I B Z
I C T R U S T A H I S T E S C W L N Z X
E E L F P S S S B E N U W A I F G G C G
N P I H U J I B N I G G R Q R Q M Y N C
D T B U N R E I G G L T S E V W T I D E
S A W T E J P L W A T I T I U L D P X J
H N H H H P H L D A O T T B A N A E D N
I C C O A X Z O J D U V Y Y O M M H R T
P E P H M G I H N B B K O B S K O D M W
A F F E C T I O N E R L A K P Y T A F O
Q R E P A R T N E R S H I P N U S A U V
I E X T A C T I O N E T A F X W S U P Q
A A X M I N T I M A C Y Y L O Q B E L M
T B E P A S S I O N S O J W Q F N Y S Q
B A N N A P I Y F F G O G D B C I C K O
```

- Action
- Feelings
- Trust
- Butterflies
- Attraction
- Passion
- Cherish
- Affection
- Connection
- Intimacy
- Vulnerability
- Honesty
- Friendship
- Partnership
- Loyalty
- Happiness
- Selflessness
- Respect
- Bonding
- Acceptance

WHAT A RELATIONSHIP IS ABOUT

```
H T L Z G Z D G J A K F C Y D W D T K I
O W I C B T C Y I D F I N A N C E S V X
N W N H O G X F F W I K I F A M H Y Q R
T P M O J O A L O Y A L T Y V T T F Z S
F N M N I A M J Q G K G B G W I J J P V
X W S E B L B S T L L E Y O L E F K A C
G V Y S V S S H V O C T R I Z K I Y R O
R K H T Q T I G F N I G B G R I M B T M
A G X Y S U Z Y E L G I H O A N E J N P
T T Y U C S U I A O T I W P Y O M D E A
I P R A O Y T U G A G M V I X V O T R N
T T S K M A Q B P A A Q E I I N R H S I
U R L G P E M M P E R L R E N C I M H O
D L E T R O O I T J Y N K O V G E G I N
E J A O O C T Y F K E F K V M G S D P S
J U I I M P L F S O H R A R L A N M Y H
J G O Y I I K K Q W M V Z U W M N O O I
Q U W W S P B E M B K F A C U J J C B P
C F R I E N D S H I P B Y U W E Z S E Z
C O M M U N I C A T I O N S F U S W L Z
```

- Equality
- Joy
- Friendship
- Giving
- Growth
- Honesty
- Romance
- Teamwork
- Goals
- Patience
- Memories
- Finances
- Compatibility
- Partnership
- Gratitude
- Compromise
- Trust
- Companionship
- Loyalty
- Communication

GOALS COUPLES HAVE

```
F U Y F A M I L Y D K U M H Y L T Z A P
O I K L G R V G L E A R N I N G U L Z P
Q V D L A J U A C E O A Z K Z W N V L G
N I U W A D D D C R U J P S J O K K I M
J O O B S O U T R A V E L A I X M L V E
S S B U S I N E S S T L Z T Q V K W E M
U H X D A X W V E C C I P G X L N A A O
C B T P N F V S A C M O O E Y P H R L R
K I S I L Y U Y T D D H E N G J D R P I
W B H G H O O T F A V T Q E T F G H R E
L E A Z H C H I L D R E N B G A U Q I S
D H L D X T R G C D Y E N S M D V N O X
L M U E P L E A S U R E F T H J O Y R Q
V N C I V U L F C S L Y R H U B B Q I V
L Z E D A A U G V I F I E N Y R S I T C
X Y Z S G X T U Z P L J E I N Z E S I S
P P G F I K T E F Y A I D E P A U P Z G
S U C C E S S N S M P P O P H S C B E H
K W B U C K E T L I S T M Z R F C Y B X
V X H T U M W K R D E B T F R E E J Z F
```

- Debt Free
- Children
- Adoption
- Family
- House
- Travel
- Vacation
- Business
- Elevate
- Prioritize
- Live
- Freedom
- Joy
- Success
- Fun
- Memories
- Learning
- Adventure
- Pleasure
- Bucket List

HOBBIES FOR COUPLES

```
M F U E C Y V H G D S C S X P C D E E D
R Z K E Z M F E O G B W H Y E A S C E A
B D Z I J R Q N V V D E X N H R M A W
W R K L V G L I C Y I A R G E Y E Q C R
U P F C W M W Y B A D C L U H U A P M I
H I H B G A R W I W N Y C P F Y D O O T
S Y D O R E K P K T G X A O I O I J R I
J F W D T P S H I X A R M M M N J N O I N
C U O T V O C A N F G U G L G G G H G G
H X O Z N B G H G I Y N F N Y O G A A S
E P N E A Y B R L Y I Z I T G T Z A M Q
E M X Z T E H L A K B L N N M H L D I Q
S K U E U Q A I A P L Q I Q L I H V T I
E G N B R C U M K E H N U X A S P E Z J
M O V I E W E I D I N Y L A T W J N Y X
A J L S T N G O L U N L Y R I P Y T T V
K I X A I T M M R T I G O Q L T X U I N
I O N W B S I O L X I P G K R Z C R I P
N Y P E U B L N N A S N I A G T B E U A
G S V B B K B O G W Z D G W S Y G F K C
```

- Sports
- Reading
- Origami
- Writing
- Knitting
- Cheesemaking
- Calligraphy
- Art
- Drawing
- Biking
- Modelling
- Photography
- Running
- Nature
- Hiking
- Quilting
- Adventure
- Pottery
- Yoga
- Winemaking

SEX

```
F F T U E L L M P T I F P R K Q D P J U
L A E U B K N D Q K A E L M I T N L V F
E P P Q N M E C E V N S E C S W J I E E
N F Z A V K Y S J Y A Q A U S Z Y N U L
K U P F N S U C K V L X S N I M H A R L
C S D O Q T G R A B N I U N N Y T X K A
B J U R U N L G N P T N R I G N J U Z T
T H L E I B X O Y G K T E L B P W I Z I
P X X P C I M N Q A I I C I B T Q Z M O
M B C L K N B B I F N M I N B M G R I D
I N W A I O Z L D C I A R G I T V O F S
V F U Y E R V O M X A T X U D X K M H S
G F I O H A X W L R J E O S U B C A F C
X C T N B L C J H N D Z L V L M S N X Q
I E J F G J Y O K Z D S R A S N Y C U R
N U U J Q E W B Q I V E M A U U I E C S
D L U F W L R S Z B N I A R O U S A L H
Y W I V L A V I U M R K O O Y S C Y F D
P I I C S D B U N P K B Y C W K Y A E M
V B A G K R D U V G W F A N T A S I E S
```

- Oral
- Intimate
- Foreplay
- Kinky
- Primal
- Quickie
- Arousal
- Romance
- Fantasies
- Blowjob
- Kissing
- Fellatio
- Cunnilingus
- Fingering
- Lick
- Suck
- Spank
- Grab
- Pleasure
- Anal

5

DATING

```
X M G R O W T H R Q A K R L Y E U S R E
C U N D E R S T A N D I N G G D L E V X
O I B S V Q C G P T L C M P N G P B Y P
M U F L E R J H A A X N F E C P G Z W L
M T Y G A F J I R C B V I R I N K Q I O
I A Q L U M U F T E Z R N H I K E C D R
T W S R A W N N N L F N S U D W P O F I
M S M Z W G J I E L J T S N N I O M R N
E B T E E C M W R F R R E P L B T M I G
N U R D M V G I I U U I X Q E C W U E P
T C L C I O G D O P R J N P A R C N N J
I L A Y Q S R C G F H G U G R F S I D Q
K R Y S I M C I Y S T T C O N S U C S E
F X O W U R T O E Q T F D M I C R A H V
M U A M C A B N V S T E Q S N J P T I P
L W N F A U L R L E N J S O G U R I P K
N I U K L N N G Q Y R V D T D D I O G Q
W L R P J E T Y T X W Y C X I S S N U K
U C Q T H R C I C T V N F P Z N E Q A B
N A L Y W R N H C N C D A T E S G A Z E
```

- Boyfriend
- Girlfriend
- Partner
- Surprise
- Dates
- Romantic
- Friendship
- Growth
- Understanding
- Pursuing
- Exploring
- Commitment
- Testing
- Communication
- Fun
- Memories
- Casual
- Learning
- Discovery
- Courtship

ENGAGEMENT

```
À Ý E J Ý J F H Î Ñ Ç Z W T X L P L N Z
H È A O Ç C E L E B R A T I O N R K É W
Ö Z H O A Ü Ó R Î C A Ý V À C X O N G À
N Ü Ñ P Ö A U D S N S A È Ý U E P E J È
N I P X A T N P Ç À Ü G T F Ç O O E È K
È Í H U U R Y N T M T L H W Á T S L É B
H È É F R F T S O N B Ú M J Y C A I V W
E Ý Ó Ï R P D N E U R À Î O J Ý L N Ñ W
V Á D È J N O M E S N U R Y K S W G Ü J
V Ö È I E X T S É R Ó C Ñ S I H S V Ý K
Ç L U I K I L V E F Y H E E S U U Î Q Î
Q Z R D M A Ó X Z F A D Í M S G Q X U Z
Á F É M O Ó D E E Î U M L U E S V Á E È
W Ñ O G D K H É Ï Q P L I Á S N J W S E
Z C X M E Ç C H G À Ï Ö Q L M R T G T Ñ
Q F S K T N V Ö Í R D N W C Y Z N E I Á
G Ý P B A F I A N C É Ö Ï G H I Á N O H
L Ú Y I S U R P R I S E W É R Ý Ö É N Ñ
C F F U P L A N N I N G X R A V A F P È
À L C Ú E Ó Ï G Ï Ï À R Á V Í R Q Ý Ú Y
```

- Fiancé
- Fiancée
- Partner
- Proposal
- Ring
- Kneeling
- Surprise
- Commitment
- Planning
- Purposeful
- Celebration
- Future
- Goals
- Joy
- Family
- Friends
- Question
- Kisses
- Hugs
- Announcement

WEDDING

```
J I R D J M R F G F F P L X U V D U U J
Q F L V O Q J P Z Q P J U G G B A Z P Z
R B M Q Y H P M X H O N E Y M O O N D H
C G U A F F U I V J X P Y M F V S R V T
E A W D C F D X R P U G R B Z D D T C W
L B W L G L C S B W U S C J E Z D O N L
E R M B F E P H A I S L E W A O R K Y V
B I T C B O T S Z A Z B Y R B K E H X T
R D M O K I D S K H P L E Q L D S Y A C
A K P M H N V L U I W L E G O W S L L R
T U G M E J E L Y E S F A O I X B U O W
I T A I S C I P N T I B F N E N F V V E
O E R T G Q L M F W Y T F N N G N H E J
N F P M T F S I P L R X E J F I D I N E
Z P E E R R G U I U A H O H O F N U N S
M B A N K F H M I A Z K U M U O N G K G
P J Q T Q Q A M X T Y K X B W O J T U Q
T L A O X F A Y F J R M P S S E I I B L
J N F L O W E R S G E W X B I W O G Q X
P I I U C U H U S B A N D B B O V Z G R
```

- Planning
- Celebration
- Joy
- Budget
- Husband
- Wife
- Newlyweds
- Honeymoon
- Love
- Family
- Friends
- Food
- Gifts
- Beginning
- Commitment
- Aisle
- Flowers
- Suit
- Dress
- Veil

HONEYMOON

```
N E A D T O G D V E N U J Z V L S O Y I
Z H B D Q D I J F L X G C Q A J A X V I
R Z N N V X D N L E R C M R O H A H X I
L Y O U O E O X C E X H I V U W W Z K N
Z N A U K I N A J L Y A Q T Z I Y G E E
O L N A T V H T F C F M H G E Y S U P X
K V N A J D S L U W J P O L K M R E D P
L N C V P S O R N R F A T B E O E X U E
B A L Y B V D O P E E G E O G A S N S R
V U C F V E D J R W L N L M D S R H T I
T M J T X H A V F S T E V G H A P N J E
R L C G H E E C M V X A R Q C A I U D N
Y V K B K C W M H E E W E E R M T W I C
C Y X D D Q D Y D S M I R G S Y R O K E
C S U I T E V S A N R O O B X Y A Z S S
N F H A L V X C U E L T R E Z E V F Z S
D P Z U L S T G G P O K S I T O E T T K
Q A X R Y I E N X H Y W S E E S L B Z X
J L S I U V I E P S P B F B D S N E K S
X S A S J L G F B T P W F E X V W P P N
```

- Vacation
- Travel
- Cruise
- Suitcase
- Sex
- Beach
- Lingerie
- Fun
- Adventure
- Explore
- Learn
- Memories
- Photographs
- Outdoors
- Hotel
- Suite
- Naked
- Champagne
- Excitement
- Experiences

CHILDHOOD

```
H G A K F G F D K Q Y C I Y A M X H U T
J Z Y F W Z K H X A F O F U N T I M E S
B F R P E X P E C T A T I O N S B P Z X
X J T Q M E M O R I E S Y O Y R D K X L
T R O U B L E D I F F I C U L T I E S D
P Z T W B M Z F D G K H Q J T G D G J G
G W R B B L T A R H A M L S S O N C D T
Z F A M I L Y V F V X C D T G I R L S H
R W U F H H N O T K U A N E L I S A A Y
L T M M O U N R R J S E U B X E P R Q V
T O A W E K W I X C R X I Z C Z Y D L A
F Y J F Y Y S T C A W S O S O F M X K G
K S U R E I C E P H D K I N F L V L N P
D K H I L K A D L M I N E U J P A I Q E
R Y L E S X R K D C I L T E F B H H K Y
U N W N B Q S C N M H S D C U G M L J C
N E M D B C W C E B Q M X H U B R T D P
T G M S R K D R F N M X U A O D Z I E Y
E Y Q I B G R F Q A N G L O N O D B D L
H R O J H A P P Y Q E N V Q T V D E I D
```

- Past
- Memories
- Fun times
- Difficulties
- Trauma
- Expectations
- Favorite
- Scars
- Childhood
- Stuffy
- Toys
- Trouble
- Laughing
- Parents
- Siblings
- Happy
- Sad
- Family
- Friends
- Reminisce

10

FEARS COUPLES HAVE

```
L N D I A G N O S I S P R E G N A N C Y
F B E Q Z L Z N O Q I T E R B I L L S E
L E J G Y O A P C N F C N T J R G B H M
F R E O G S I C S H R F D W O V R S F T
T S A Z B G L L K D A A I L Q K C N S N
F B P F C L C T O I D N D J J E W U J C
Z I J I R N O F N S N M G Y I R R S F Y
W A H N E F M S Q G S G D E D T S W B W
U P U F J I X Z S W V O U Q S E P K Y K
B A D E E N C K I D B O D I N Y H U G H
G R N R C A Z D Z H I E M E V C I N K R
N E D T T N O R A H V V V J B B I P I M
X N I I I C M F J O A I O Q J T T C H N
T T W L O E N O L E G U A R H Z H W W A
S I D I N S T G P R G A G G C U T I P E
G N W T F P N B O G L R I M H E P E S P
C G Z Y G I Q F J X G F N C M C S E K A
D Q Q X D J N H R H I E G W X M Y U D D
K L G A A U J B F A I L I N G A N B T U
K O F N I J Y R L X E S C E H J X L D Z
```

- Divorce
- Pregnancy
- Failing
- Parenting
- Fading Love
- Fighting
- Mistrust
- Lacking
- Infertility
- Finances
- Unforgiveness
- Change
- Aging
- Debt
- Bills
- Diagnosis
- Body
- Loss
- Job Loss
- Rejection

TRAVEL

```
P Y V V M I Z I S T D V S F L V M Q A L
K X M I D Y G D H P C M X A V Y Q O K A
R X T A P D Y E N E N U N W S B V Z G B
E W R P P T F C T E P O P L F Y C V M F
S J A Z I P P O H P I X F L Q X J Z T V
T Y I C W I R O O T A M X O A A M L D
A X N Z B B Z I A D T S U X I N O I V R
U K T F J O H N J G B J S S N B N R C B
R V E T U C R H Q I E E Z P W I N I Y U
A M F Y I E S D B T A F N P O S D M N D
N K S D T Y U A E Y C J U Y E R O F G G
T O C N P F I H Q R H H P N S X T N R E
I N I O M L T B D C C X A X A S I I O T
A W T U T I C K E T S L N D J K V Z A W
B T P V C I A U V X P M T K C L W A D O
N V G C H N S F X R F E R A Q C G R T M
M I G R O J E M I F J I P M L S R V R W
I C J L N S E A M Q X I T R T D I H I I
D X J Q D Z C A R C O U N T R Y V W P R
O J N S C R D M P R I W C Y J B O V E L
```

- Airplane
- Boat
- Train
- Road Trip
- Car
- Packing
- Planning
- Suitcase
- Budget
- Tickets
- Food
- Restaurant
- City
- Country
- Beach
- International
- Jet
- Passport
- Border
- Map

MORE SEX

```
H Q N H B S F L D S W E A R I N G Y L Q
Z W S Q I Q C B O N Z W K V M N X Q H D
G A E D U M C R F C C W R E O P A H C
M D E A Z A C O A X X I A N X X A A I Y
A I T J C J O G N T T P S I P P O N M Y
S R Q F V K C I A N C Z I W L C N C P E
T T C T X K K H M J E H U Y V I V N E F
U Y D V K J D V E F P C I X P W U X R J
R T F W W V T R H E U D T N U L H R I T
B A H E S C R E A M S T P I G M G K N N
A L S H H X R S G C S O Q S N T U A G N
T K D Z K P W N A A Y I K Q Z G E M L K
E H Q N A G I E J T T D E E P E R A N L
O H P S U P K V G E I I B P K Y S P I
O R G A S M H D W S X S F R Y Y D U J Z
O Z H A O S R F S K Z J F I E L Q T K K
O J G I P A N A M M G H Q I F A R R S V
F O F O H P A S W T K E Z A E R S A V U
K U N Z P E L N R H E A Q M P D X T L G
P L T H D I R R Z Y G R U N T I N G X B
```

- Pussy
- Ass
- Cock
- Breast
- Orgasm
- Satisfied
- Moan
- Scream
- Swearing
- Whimpering
- Grunting
- Gasping
- Scratching
- Deeper
- Dirty Talk
- Connecting
- Kama Sutra
- Masturbate
- Hard
- Wet

BUYING A HOME

```
D E Q C R J K I R H D J R U Q X E N G N
Q E C E J W X Y I Z D E C O R A T E H Q
X X K Q E U P F O U L H B R V Z A E D S
S G N Q U X K L R F Y A A O W P I P D F
R B V L C F K Q A O F N N M D B A R S H
W E T C O Q I F I N O E K P E E Z Q M V
Y T S X Z R A N T N N M R M W C O X O N
F S K E P F E L A W S I S C O C P C V N
Y V E B A H P A S N X P N F S N N B E J
G K F E A R V Y L G C Z E G A T E Z E P
X K D Y O P C H C E N E H C N E U Y I E
F A I T P W U H I O S Q S E T I U Q D I
T M S A P A N N I R R T G A B I G I A D
C Z T X M E Y S P J E A A N K G O E G Z
X S R E W Q N M S A N W E T N S C N W L
V Z I S T A S P E L C A F I E K R F A Y
E M C Y M Z E D O N A K K G K Y A O R Y
G M T W Y H X W R P T C I L K O G A A X
A R S P Z D S C Q Z A N S N Y I Z G M K
P F B L P P H Z F P V J Y T G X M A R S
```

- Taxes
- Mansion
- Real Estate
- Agent
- Money
- Bank
- Finances
- Payment
- Rooms
- Inspection
- Planning
- Goal
- Offer
- District
- Decorate
- Packing
- Unpacking
- Move
- Hire
- Research

WORKING TOGETHER

```
F G H F D L B T C Y Y W V G W T M P N Q
J A O O C O M M U N I C A T I O N J A P
W C O D G G R H N R K P T W M L R S O H
J E W E Q V S Y O F F I C E T E T D E O
S L D M U S A H S Z A U I X T P S U T N
C E L I S T E N Q P Q D J U X H W N N E
H B Q V P D S P A C E H P N L Y Q F E V
E R G M L P S X R U L M O M K T K K W V
D A F L A J I N E Q O L G O A L S X T N
U T M B N C A X S C B G I D F E X C H F
L E S U N C K N O B Y J Z N D G I B Q M
E Q H S I A G P L L A A V G P L M O Y H
G M A I N R C K V T C W I L F G Z U L X
J G R N G E X H E Y A D L N P X W N Z V
G S I E F E E O U W E B O F L Y E D R S
I I N S F R R V L H H C L W L J D A B U
S B G S I U Q H T R X D X E P J L R I P
T T N Q E O T O G E T H E R T B D I H M
E I J S S H H A Q L O V E L H R E Y C
G V T G W G S R E Q C D Z U K I E S Q S
```

- Phone
- Tablet
- Business
- Planning
- Goals
- Conflict
- Resolve
- Celebrate
- Schedule
- Listen
- Love
- Office
- Boundaries
- Together
- Career
- Sharing
- Space
- Desk
- Communication
- Computer

WAYS TO CONNECT

```
P T O G E T H E R B G C I K I J J Z W H
X Q U P M K K K Q R E D G T R R B X N O
R F H O B B I E S A E X F D D X L F X Y
Y S L A I F G A O K G A E K X Y E Z J H
M O H R O N O C V X J S D R G X O I W Z
C H W A I D S Z A R E O P I C E P P H T
I X N K R E J N E I E Z S S N I Z H B B
I B R G T I Q C T K S L G Z S G S T W P
I O O A I O N I O F T N X K I Q A I W T
W G D E O L V G S N V R U Z I G H X N I
H H Q D W I Y T N Y V S A G R S T E X G
A U B K T I R R Z S E E B V G E S W X W
Q G G C Y O L O I I E A R E E L Q I V X
R G A Y P P G M H C C M T S Y L I F N J
V I U S J W S A X F F L P I A C I N G G
V N M S M V Z N T O U C H A N T A N G W
B G A E J P X C T B B W H P T G I C G N
S E G X G Q F E B W X L K H Y H X O E S
R A Y E V A C A T I O N I N G X Y M N K
Q E O W X Q N V T V H U K Z A C F D I U
```

- Touch
- Sharing
- Hobbies
- Activities
- Sex
- Empathy
- Snuggling
- Reading
- Together
- Dates
- Kissing
- Hugging
- Sports
- Exercising
- Romance
- Working
- Traveling
- Conversation
- Vacationing
- Eating

BOUNDARIES

```
G M V U J M Q R C R A J M Y I T R D N O
R D S Z N T I C F L P Y A D I U P D G P
W F R I E N D S S E L F C A R E A A D L
Z K I N I S M W B I O U A O K D H L C J
Y R Y A F T E A M T Z X Y X D F I Q U K
L M E N G U O A R Q C H Y Z H Z V B Y S
O Q F S H F F L S R T E G Y Y M Q Y E W
F U R L P A V L P L I Q N Z Y Y D S N F
W N V A M E O U A G U A L Z W D U H W M
F D C N S H C E C D N E G Z Y O Q E G T
M E O C R K H T E S Z D M E P C D L Q M
R R N Q L O I I F I Z A F S O P F P N O
W S S Q Q K I N H U T R I P O W W F E M
K T E L X N F T G R L Q R H H B R U T V
I A N O Z F A J E A X R M Y O A V L A T
X N T V O P G N O C H I L D R E N Y T E
P D S J M H T C O M M U N I C A T E H V
O I D E X R A K C P G G F D H F I J U G
E N U D A A N X V E R B A L I Z E C V X
Y G Q P U F Z J Y E D L J P O M Q R G B
```

- Family
- Friends
- Children
- Marriage
- Partner
- Healthy
- Mom
- Dad
- Spouse
- Selfcare
- Space
- Consent
- Empathize
- Asking
- Verbalize
- Firm
- Understanding
- Communicate
- Respectful
- Helpful

RELATIONSHIP CHARACTER TRAITS

```
Q Q V H D F P O S I T I V I T Y D G D N
N Q W R Z T R U S T W O R T H Y O A H O
A A H B P V K P I N H T L O V I N G G Z
C X Y C T Y K V T H O U G H T F U L A M
W Q X I P W I C U R I O U S K P E U H G
S E F K I U N D E R S T A N D I N G G G
Y R B K Z D D F T N A E D Q J Q W U Y Z
M P A T I E N T S V U L N E R A B L E T
P H E M P A T H Y G E H H B U I O J Q M
A H E T V X C G I V E G I V I N G Z C H
T U O L E L P R L G R A T I T U D E N J
H M N A P B I T E T X N X W I T R V R U
Y O Z E V F N S U A L Y O B Y E K K E G
C R X D D B U Y T M T Q V N I D H X D H
X U B F I G V L Z E P I N Y X J E G I P
S P D K T Y E L L W N M V C P A U P L D
I P E S E P W J O X Y I V I E A I G Y Q
H O N E S T X L W D X T N O T L X B P M
A O A S S E R T I V E Z C G R Y O D P P
F D X I N D E P E N D E N T Y Z L Q V N
```

- Kind
- Honest
- Trustworthy
- Empathy
- Sympathy
- Vulnerable
- Listening
- Assertive
- Helpful
- Giving
- Gratitude
- Curious
- Patient
- Independent
- Humor
- Thoughtful
- Positivity
- Loving
- Creativity
- Understanding

RESOLVING CONFLICT

```
J F O D X B Y N R X X N L W A E O J O X
R O N B X D H E L P I N G J X P V J V G
A L G C O M M U N I C A T I O N T K N G
P J Q O N G R A T I T U D E V L Y I I D
F C K M A K Q I G R O W I N G H N M I U
T H Q V A L D H A O P B G E T E K T K N
Z W Q A X K S D T U E O S A T K F N I B
P V V F P H I N D V F I P S J V O L M O
L K E L J O F N B F M M I V H E H G U U
A J R J W F L T G O E L S O R R Y V C N
N Z B D Q A P O R U T K X T L O J A V D
N L A W E X S P G J P I K I O O L E N A
I W L C S L L K Y I U S X W I W G I I R
N J I I D X B O I E Z S H O T W M L Z I
G I Z V J I B O R N S I V U M E P N Y E
P S E Z T V O F N V G N N L G U W S S S
O S W K B I E K W K D G L G Y G R C X Y
V U N D E R S T A N D I N G H T I O U W
A R E S O L V I N G Y D Q O S A W N C Y
L C H A N G I N G X O Z L E C U A C G D
```

- Empathy
- Apologizing
- Listening
- Growing
- Changing
- Resolving
- Making Up
- Helping
- Planning
- Goals
- Promise
- Boundaries
- Hugging
- Kissing
- Asking
- Gratitude
- Communication
- Understanding
- Verbalize
- Sorry

MORE HOBBIES

```
B M O U N T A I N E E R I N G E D I B Y
I V S P F P H O T O G R A P H Y D U E Z
R C A L L I G R A P H Y S S S U U Y E X
D D I X A L X S T W G A X F A T G E K O
W W E P X O X T C W R N N K P O A D E E
A K G G F M P C D R H W U H L O A M E V
T V M F B H W I A H A R K O I E A Y P N
C L W R H L A A J R Z P E H Y T K D I S
H N J V C G M R K H P G B Z K W S E N O
I U B A K I N G C P U E Q O P Q U V G L
N A X I F Q T V E H U K N I O R R C G X
G G A R D E N I N G E Z K T G K V V G F
L F L Q F Q I B S W B R Z R R E I B C U
V P M R Q I Y A O E Z Q Y L C Y V N G B
H X G U O M C H E S S C T N E O A Y G M
O L L X D A G Y K V S P A J O S L S P J
S T A R G A Z I N G E D A A B F Y I N K
H T M W F Z Z S G M E D I T A T I O N W
C O Q C X O S C O L O R I N G V E S M B
R Y O H I S T O R Y A E W R B J X U G B
```

- Archery
- Calligraphy
- Chess
- Scrapbooking
- Meditation
- Gardening
- Dance
- Photography
- Stargazing
- History
- Baking
- Beekeeping
- Puzzles
- Geology
- Survival
- Birdwatching
- Coloring
- Stamps
- Carpentry
- Mountaineering

THINGS COUPLES TALK ABOUT

```
N T Y L P I M D L B J V H U X T B F X D
R G T B O U N D A R I E S A I S I S W G
E E W X C R Y X A O Q X E S D F E T O V
T X C R H Z K F D B F J O E T I G F Q J
I I B I O B U E A X L J J X S I L O H G
R Y M U R Z E M T F Y B T A T L T L D G
E Y S L E K W O B Y V Z T V N D R O J F
M K L R S Q S T M Q J N C D T C T E I S
E T O B V D P I G R A T I T U D E S U D
N Y V I U B X O L F N I S Q W K G P G A
T N E Y G R G N S O Y E X F N Y I N L B
B H G A K D M S I C C S Z K X H I D T T
M W G O A L S T A N Y R A G S T Q H S S
C A R E E R C M A A B K J D N E K E N M
Z G J U C E I N D B F L N E D R E A M S
X Q M I N T I I Q U D E R P Y K M L Y O
K D U N N F L I M I I A Q S J W Y T C T
K P O I N O X K B R P B C Y I X D H H V
W C Y X H S R P F M H W D E L B P A S H
N E U K N C E A D S T R U G G L E S G X
```

- Intimacy
- Love
- Gratitude
- Holidays
- Health
- Boundaries
- Finances
- Parenting
- Connection
- Chores
- Fantasies
- Sex
- Friendship
- Retirement
- Goals
- Career
- Kids
- Dreams
- Emotions
- Struggles

NO-NO'S

```
J G K J A I H K D I S R E S P E C T V V
Z C P P K T O T J O J T Z Q U T X M I D
N P W M A F U S A J K M O J N T N K C L
A C A B H O B X R B N O O E L O R G P T
M Q V U H M C N U E R I L T I E Z T J X
E T Z S U Z W E T J E I L T N E R N W E
C T A E S N G A L N S L A X Y D N J N T
A L B H N Z E S T E A L I H L V G Y E P
L V A N U R J C C W U N T J A B U S E A
L B N S H R R C E P O U W I T H H O L D
I E D T W Q T N I I O L X T E E O E T X
N T O Y L B O N T M U R Q I W X R P L T
G R N N G T A C D E Y S Y I K L D T B V
R A K E S M E A X M H C F U N C A U E K
D Y H I L J B T J G G X H U C S Y D L P
Y D K N E H E C K W Y H X E P R U W I S
A R R R D Y P Q M O B O M N A T A L T J
E G D E F E N S I V E N E S S T K O T R
Y E X I H Y E L L I N G Q O M N N Q L S
T Q H X T R C I I F F C A D X F V O E F
```

- Abuse
- Threaten
- Withhold
- Belittle
- Stonewall
- Abandon
- Rejection
- Insults
- Yelling
- Hurt
- Lash Out
- Silent
- Betray
- Cheat
- Badmouth
- Steal
- Defensiveness
- Disrespect
- Manipulation
- Name Calling

RECREATION

```
C Q D S F O P A I N T I N G G U F G Q S
F C A N D L E L I G H T B N I H F R I I
U G D Q B R T Z J J A T I U R X V C R Q
S T L C P O X E X M M R R Y Y O V L E R
B U H O K A G L X T O L E A R N R O S L
I J L O T D J X T L E X V H V T F I T U
G W F K L T R R P M D R R G T E S Z A S
W E N I C R N X S P O R T S A R L U U L
C R A N P I E K U E C M B R D Y J S R M
D W D G Z P D K D I L H J A Z P E I A W
Q G V R E M I N I S C E E H E T O C N G
I N E M C V S V I O D R I S A B N O T J
K B N E S X C A H V N O L D D Y K H L G
R A T B M K O C W X D Y K Y G I U R N V
K K U W X L V A X V Z T N E R Y S I S L
I I R Y P K E T W E F G A V H D P G W Z
N N E D B C R I H B E A C H S M A Y X P
S G B S T O I O B A J C D E A L K C A T
J I F S Y G N N H V A K L C E W H O V M
X L M C B G G N E W N E S S O B T C I L
```

- Vacation
- Sports
- Pool
- Beach
- Travel
- Read
- Learn
- Camping
- Road Trip
- Dates
- Restaurant
- Candlelight
- Cooking
- Baking
- Painting
- Newness
- Reminisce
- Discovering
- Adventure
- Exploring

OPPOSITES ATTRACT

```
I D R R H T V S K P C W I A E E U H N U
A R U J H R S L X B A Y N E I D S K O G
C N W X C I Y X Q T R K V Y V U B Z Q L
H O V A J S K A S U H I W E O U G F M J
W S L Y O K R I E T T R V I R L V P R J
Y P N G E Y L B W A E I T V H R X Q J J
N O X C N A E V E M T U T C U R I O U S
A N J U E C Z R A I A R T B L H S O O F
N T N R R H C E S C E B R A I T I L C G
A A E R G A R O K V X C I J X P P D G A
L N G V E D P J O J N C V S T O C E S B
Y E A Z T B Y R R P O J U R H I I X C S
T O T S I H T E I S X O E Y O C N P O Q
I U I N C N N G L J I V D T L L N R W O
C S V C I N X S Y X O O S U Y Z P E N D
A B E S A Z S V N R B Y R I H J K S G G
L H G L U Q M A T E L V I A A Y C S Y R
E Y P D W R H X M I E V R N Q Z L I I X
F I O K S U E O L T S L J N O Y Q V X Y
F I H U J I H I N T A Q F W J S H E D M
```

- Positive
- Negative
- Realist
- Dreamer
- Stoic
- Expressive
- Analytical
- Creative
- Homebody
- Social
- Planner
- Risky
- Curious
- Anxious
- Sure
- Energetic
- Introvert
- Extrovert
- Cautious
- Spontaneous

FALLING IN LOVE EVERY DAY

```
R A R N U Y Y C G T U V X U N V N B W R
X A C T Q V I O U N B N N I T O W K I Q
P Y O W O N Q M Z V G R A T I T U D E E
L Q N G X G E M X P V X X C O M V D P
S T D H Y G C I Q Y R N G L H W Q E O W
K R U F U V O T P B J H V X O X K W H T
K O I R C M N M R R D E W V I E G Z U E
C M L Z L A N E I D I L S W C M I Q M A
O A X S B S E N O H I P U C E P F N O M
N N S U L Z C T R F S I A F S A T A R W
V C J A I R T T I R N N P K U T S L L O
E E E F B J I D T W J G B P B H X P I R
R M L K L I O Y Y N O T E S P Y H O S K
S I H L O I N J N F U M D D B M C P T D
A Q I H Q S R Y O P Z O H H A V G G E Y
T L C E S P F T F Z T U G J W T X U N K
I A D V E N T U R E C S A R T P I B I X
O S S Y M X X I D S U R P R I S E N N X
N X H V U Y T H X G Y T S H A R I N G G
B H D Y J R J X T G M P Y P F Z G Z R O
```

- Priority
- Surprise
- Gratitude
- Adventure
- Humor
- Empathy
- Notes
- Connection
- Romance
- Choice
- Dating
- Sharing
- Meals
- Listening
- Flirt
- Gifts
- Helping
- Teamwork
- Conversation
- Commitment

ACTS OF SERVICE

```
B U D C J P D Y T O L H D V I Q Q Z M G
A L H E R R A N D S U V W P M O E B M G
C S O C H O R E S D P B N U I L Q Y B W
K C K C N E L O S G P Y C X E P T E L W
R D R T O X Q C O F F E E S S R U U V Z
U C H G F Y V R E M O K J S F M D L N M
B O Q E V B C M G D R M E C E Z A X E D
X O E F D C U X V E K N A R H A G S B I
Q K Q Z H W I M P O D U M A S S A G E S
C I Q M X F L M F N U F M W Q L Y M E H
H N T P A S A A I E I Q K J D X L C O E
F G L V T P I K H F A L L J C K I P F S
P L H J E E R T G F Q N P K Y V I P N A
M H P M N E A G X O P I N R R N A R D P
H L P F N G H P X R F Y D E D X S O L W
L E R N L C P R X T T N S Q Q O D J W J
I K I R N D W N C J U L T U I Q T E O I
S D S U P P O R T A W X W I L L A C Y J
N M L R E W C X L C L E A N I N G T I L
F V N X B R E A K F A S T L R G L S Y L
```

- Cleaning
- Cooking
- Chores
- Coffee
- Tea
- Kindness
- Dishes
- Dinner
- Lunch
- Breakfast
- Effort
- Service
- Laundry
- Back Rub
- Massage
- Pamper
- Errands
- Fix
- Projects
- Support

SEX TOYS

```
Q J V G L W Z H Y S X J I G Q R S Y S J
S X M P A W B O M E A Y D Q R O J I D D
H D M T U Y B V V S M X C N W L Y X Q I
O V E A R C V H Z M I G O J D R A C K L
W R W E I B P B L J N P T N O W S H R D
E R M Y H Y H P H I A X A T E D Y B W O
R T I R M O N E R R G W A L A M I J M D
H O S R M N L K T S Y R D E U E A J Y Y
E W R N Q D C S F T B N B J F R K W R D
A H P Y D O G F H I A L S R Y O Z F L X
D I V A C G U G V C A T E X H P K O G I
J P P N N C I J B N N H B W O E F C I T
S F R R D L L L A I T C E L P D F B J M
K Y G N H Y I G A A B Y L F N B R F N D
D C A S B E H R E P T I T I V V X M E X
K H E Q G C T F J R P Q L C X C Q V N P
M L S H Y S K Q E T Y B Z E A E V O N R
F U I C E D N I P P L E C L A M P S V U
P R F R G L C B Y U U G Z D L W X X J M
M V H O V H Y N T I E S K A Y B W G O H
```

- Vibrator
- Cock Ring
- Dildo
- Handcuffs
- Ties
- Rope
- Belt
- Paddle
- Ice
- Candlewax
- Whip
- Anal Beads
- Blindfold
- Nipple Clamps
- Feather
- Strap On
- Showerhead
- Fleshlight
- Wand
- Restraints

27

THINGS TO CELEBRATE

```
F M G E Z O R O Q V W A S F I S C G S J
K K R T E A X F R I E N D S P Y H R U J
L B A A R Y C X G N W H O R N F I W W M
U F D C P C F N P E E Z C W W A L J K L
U L U C Z Y A C B G D L M L U M D N E R
S F A O P B T J Y P D D E P N I B W I D
M T T M R A H D R P I O A P D L I Y V F
I P I P O W E P T Z N P N N R Y R C H E
L J O L M A R P W O G B H E A L T H O N
E C N I O R S V P F V I Q S G Y H L U G
S Z B S T D D A V S S K Y W D C W O S A
T R I H I S A T U B U A M P I H T H E G
O R R M O A Y C V H D M E X Y N E M W E
N E T E N M M Q M I K N M T U Y S I A M
E C H N Z M R J L H D I O I Y R R X R E
S O D T W Z O O L T R H Y Z E H E M M N
K V A S L S H J N W R P I N J B E A I T
H E Y K R A B Y M O T H E R S D A Y N Z
K R S O E A N N I V E R S A R Y Q T G J
A Y A Q T N U S X S O S Z V P F L O C W
```

- Anniversary
- Birthdays
- Awards
- Promotion
- Health
- Holidays
- Graduation
- Childbirth
- Memories
- Friends
- Family
- Recovery
- Wins
- Engagement
- Wedding
- Milestones
- Housewarming
- Father's Day
- Mother's Day
- Accomplishments

HOUSE CHORES

```
Q T I J W B V W E E D I N G H G N O Q L
W Z Q Z L K C U K G B T K S H W S S A Y
E S Y W U Z F O N T T K G S U D V H R S
I O H G T C L I X C V N V H N G C O D N
D G A O N O W U H D I P S A N N B V B X
U Q A L P O E H O H G L R N X P A E A U
S K P R M P L T S I P R N I C L P L K V
T I D N B U I A H J E H M J B N L I I G
I D X P F A W N U J G E T T S A O N N O
N V A S S T G Q G N S L G C G M N G G C
G B E D S U F E I G D N H S Z O W A D J
B A T H R O O M S G I R O W W R A V M P
Z V H R B Q U Q N P V S Y E C G T J M T
X D E Y Z U A I P U I T S E O A E H K R
W A U B C F N O B M N E G P O N R A C R
Z T V A Y A M C H R H O F I K I I M W R
O V V K E O F W T S Y J L N I Z N W D M
U R K L L Z J Q I X T J P G N I G Z A Q
B J C K Q Z H D X Y G Q K M G N A N T U
M P Z O Z T I L W L J O C Y Z G E T F T
```

- Dishes
- Laundry
- Sweeping
- Mopping
- Garbage
- Vacuuming
- Cleaning
- Bathrooms
- Mowing
- Shoveling
- Baking
- Organizing
- Beds
- Shopping
- Dusting
- Errands
- Weeding
- Cooking
- Washing
- Watering

FINANCES

```
D G L Y G E O C Q H J Q Y N G T Y L G K
Z E K D O N A T I O N X W N I I H O U X
P L A N N I N G G R W V I D S S R Y G K
A Y Y E S F B N S Y U T E D T Z B K S R
U U R R T K I X F T S R G N J Z A H R N
X W T Z C D L F P E C X U O I I T F O S
N L R H N E L D V V D O W I A P Z K P P
M E W E R O S N Q D C E C H X L I X P E
X I P J T I I L U C S V B F O P S V I Q
X S O N E J F N A I O R M I R I R N W
W Z I E T A Y T M B G L G J T D R R G V
F O X U T X N O T E S O J Z P W I L D D
J I F E S A R E F N C A R E X A J A T L
R J I O J P G C I W S N V E O L N W D C
L S Z G M D W O G G H S F X N L I K W L
P B K O U E C C N I S P E B N E C E H A
X V C B V B N I K K P U O K Q T U S O Y
Y Q V L U T V V B V T Y L E B U A J T H
H K W I H A G P P R Z D W R A C O Y H S
Q N X D S M D O I Q Z X C L Z C Z M H R
```

- Budget
- Debt
- Savings
- Credit
- Debit
- Goals
- Investing
- Bills
- Loans
- Accounts
- Joint
- Donation
- Compromise
- Spending
- Cash
- Coins
- Wallet
- Thrift
- Shopping
- Planning

WORK LIFE

```
A W F M C T T D M Q B X N A R Z Y N Z F
L O W D I B N S V C L O K Z X N U U A W
L C X E D S J S Y C I H O T E L R L C L
M D V S E M P N W N O D Z P C H C R Q W
T R N K X O Y B U Y I N G J T X R M S L
S H G P R O M O T I O N G P L V H Z D X
I E A L V O T X G D E P Q P R I N T E R
L Q T R A V E L G W Z S E L L I N G I U
P R O D U C T S A S U P E R V I S O R S
M G C C Y B N Q E Y S F E L X P M O C Z
O E P O S Q M L W R O L O A P A V C J C
X S E D N U Q K Z Y V F C P R Y I O O O
L C P T A F W V Q M H I F V Y C U M W M
H H Z I I N E E R H A E C Z C H O M O P
U E T J P N T R B F T S T E E E F U W U
F D H K L B G K E I C Z T R S C F T N T
T U V U D A U S H N N S E L S K I E N E
V L R P Y P H O N E C A A A A E F C Q Z R
M E H P K K X J K R I E R O F C E T M G
J K C G I P N H R S P Y S Y J K C J K D
```

- Computer
- Desk
- Meetings
- Paycheck
- Buying
- Selling
- Supervisor
- Phone
- Office
- Printer
- Schedule
- Commute
- Webinar
- Conferences
- Travel
- Hotel
- Promotion
- Layoff
- Service
- Product

31

MEAL TIME

```
F L K X R H T N W T I J J R S K H M J V
B R M C U D I E T P R H N L D J I H Y X
E A X N E C D Y G C H M E Q F R U I T R
D V V G F M D E H E O I M A W L T I F B
N E B O E U G B L Y J P Y D L S C E D Q
L G S S C X Z B S I C W A T L T P W V M
B E K S E A Q X Y I C T O F O A H T V T
T T S B E A D P V Y U I A D C K U Y R N
E A O M A R F O V O X P O A F A I N P Q
T B X O Z K T O O P A N S U L Z D R L R
B L W X J Z I P O D H C J U S J I O A L
R E N J W U M N S D G R T H J A N G N I
E S S K F I G W G M E A T O B Z N J N Y
A B K P X B Z G Z P P K N S X L E I I B
K R L C I C R J D S G K C B B L R B N B
F U U B R C E H B L F F I S H Y W P G D
A N N Y T F Y Q A H G U Q O N S L Z M M
S C C E O O E E A C L E F T O V E R S C
T H H S X F J U T M Q X X Q B Y R F Y N
X W I I J A F T C D V Z Z N G Y Z H I Z
```

- Vegetables
- Fruit
- Meat
- Fish
- Diet
- Seafood
- Pans
- Spatula
- Baking
- Dessert
- Healthy
- Delicious
- Spicy
- Avocado
- Dinner
- Breakfast
- Lunch
- Brunch
- Leftovers
- Planning

BUCKET LIST

```
W F E M W C K J L M A X Q F U J I V W L
P F I M M V I S I T I D Z W M N Y H S P
T B E A C H E S G U W J D S P E A V S D
J E S U K C I S C U O I H Y F U M S O W
G S X H W X Y K R Y A M C T K M Z K O S
T Y C P I J T Q E N E K B P R I T Y P H
A E I U E S L N F S D I V I N G R D D C
M V P N S R C I S E T X Q E A W A I D A
A E C A G A I X Q U S D A M I Z V V F M
T N B P R S I E I Q R T L K Z G E I S P
F T I A C A U L N L C F I N C Y L N N I
T S V U I O S L I C L U I V D W I G O N
V A K X N C D A H N E U I N A E O J R G
A X R O A D T R I P G S D S G L K E K N
Q O O H O V M T H L L Y B Z I S S L E O
M B I N B A D V E N T U R E I N M X L I
U R N Q X B A C K P A C K I N G E K I O
B J R V D M F A N T A S I E S L N S N X
V Y S F Q V A B A C A V I N G S P P G M
P L G S N Y U I P K M X X F J I Y A K X
```

- Adventure
- Experiences
- Travel
- Hikes
- Parasail
- Surfing
- Visit
- Caving
- Snorkeling
- Festivals
- Beaches
- Fantasies
- Diving
- Skydiving
- Road Trip
- Sailing
- Cuisines
- Camping
- Backpacking
- Events

COMFORT

```
O G S N U G G L E T K H A B X N F C R V
L N L O X K F Y V Q D T L B A D I K H K
S U R O X O M O C A R E S S D S L K J T
A Z Z B O O U R O A Z Z S O U F G C A D
R S V S Z H S U U D S T L M R L C K P X
T Z B P O F F K H M M F I K D B U L Y H
C Y P T C S E Z N F Y I D H O L D I N G
O X N A T U R E O L R R Q G Y R T C A L
N I I F W A L K I Y G E M M V R H A I G
V G X Y R R O B S X X P T E G C Y P B X
E B K P X U Q W O M R L D R U F P I E F
R V A H V D B J M K T A D O U P J A A B
S S H U C U H K O O F C T N J X U B C L
A J B M P S O B Z T V E H A T R X J H A
T T C A N D L E E I T I P I L L O W Q N
I D V B F K I S S H G U E K Z S W C I K
O L I S T E N I N G J R O Z I U X M G E
N G V R Q A P Q H U G S B Z B U O M O T
I O B K H S N D K O C B O O K S B H O F
Z O B J E C T T H K G T R Y M C A C C Y
```

- Fireplace
- Blanket
- Books
- Music
- Movie
- Touch
- Snuggle
- Hugs
- Kiss
- Listening
- Holding
- Food
- Pillow
- Walk
- Nature
- Object
- Caress
- Beach
- Candle
- Conversation

THERAPY

```
L O S K T X H E M T H J T P Z U S Q P Y
D N Y X V T C M R H Q D R B M U P J O Z
T W Z H U C C O U O W M H N Q I A M C H
L B Z E L N F G U U F J A E P C M U V Z
M H R A N F B A R N A F I R L D H O P E
X U E L E D U I P O S V I B R P F O R D
I V L I R N J W A P W E S C Q I X U T Q
Z L A N A F C D H S O T L Q E T A D Z U
J W T G B A D O J Q E I H I I S Q G T L
L C I C I X D B M Y X D N S N U A S E Y
D Z O O L O A O I M E T I T Z G I E T K
P Q N V I K J N P M U V V U M P V U K J
E K S E T I K C J E E N L Z A E F O X G
Y S H R Y A S U I M N L I R F S N F F M
W Y I M P K K S E U X N E C H W T T A R
R H P F X V I E U C J H E O A Z M M G V
A K W H I A Z H B E T C H S Q T F U J H
P A T I E N C E T G S Z O Y S W I J Z Q
J N U W L A W I U C L A R I T Y N O K F
N I J E W J I N D I V I D U A L Z V N B
```

- Visit
- Hope
- Counseling
- Therapist
- Relationship
- Marriage
- Openness
- Individual
- Help
- Unbiased
- Appointment
- Growth
- Effort
- Issues
- Healing
- Office
- Communication
- Patience
- Clarity
- Vulnerability

PARENTING

```
Z E R W T I S T Z S S A F Y D F Z O A O
V O K J X Q F P G V R L E T T I N G G O
H T F Y Q P Z X E E U G M S M X A A H E
L O V E D Z X D H A B A B Y F P L J R E
R B G R H J T T Q M C N I X R O X H H Q
I W R J H B A Z W J A E A E Z M D W T Z
N T A R N F G E N T L E F R S L Z T F G
D G T S E W R Q L P R L X U I T J C N H
E G I J D X O B U D Z W E H L I Y Y E L
P P T B U L P I U I X I C Y X F Q L H R
E A U A T A L E A R N I N G J Y Q T E W
N T D I Y Q J T N G R O W T H B R W R S
D I E J P X S N Q S A K P I A O Z L K R
E E K G O K T B Z D I T Z L W T N Y X B
N N Y T A Y R E D U R V H B A C B B R V
C C W I O S E P T E X V E R M L H R Q C
E E T S M G S E H D S W J Y M D T W P I
O G C U O O S T Z A M A Z I N G Z J M C
Q Y U C Y Z O U K E D Q S I O B W A A O
I X V B E M W B C H A L L E N G I N G B
```

- Mother
- Father
- Child
- Baby
- Gentle
- Peaceful
- Love
- Stress
- Expensive
- Worth
- Gratitude
- Amazing
- Challenging
- Growth
- Patience
- Learning
- Styles
- Letting Go
- Independence
- Joy

IN-LAWS

```
G O A W V F U H X I G E Q U Z T L C D T
B A D J U S T M E N T M L K V M W W J K
J A O O E L U E P C H A L L E N G I N G
J A C C E P T E D Z U B G S Y R C I J L
B V Q B S L F O G H L D J A E P H B G K
F Y N F A W Z A K Z V R L T E N A G U J
Z A H A K Y E O H F W E S C K Y O E Z P
J V O M O S M L V Z V I E J C I S Q N J
K R L I H L U T C A S I C B Q T P B T D
Y B I L X E M W R O N V L W R L H G B R
K O D Y H U L T U J M M R U C O Z F U Q
X U A C D T Y P R K L E N M D R T D U O
A N Y W A S T R E S S T P E E F C H V Q
J D S W Q L L J N R W H T H P O P J E C
Q A Y Q M V F Q P G S C T H N H P T I R
W R N G V L A X B D E O T Q E Z E F H P
A I L C U O T W G P M W L C R Y H W H S
Y E J V F V H T S H Y I C U L T U R E R
I S Q T V E E E G V B L C N L Q M C E U
T L F T D T R E O S R Y S C F S N I Y S
```

- Love
- Stress
- Adjustment
- Welcome
- Challenging
- Boundaries
- Travel
- Holidays
- Helpers
- Family
- Sister
- Brother
- Mother
- Father
- Niece
- Nephew
- Chaos
- Culture
- Accepted
- Respected

GROWING OLD TOGETHER

```
X O I T S N L T X F E B E L I L C N Z M
T E S L O V E K A P H M U N R B Y N S K
Q A P W X T B J S B L F H W J T M B S G
X N R L H T H T K F Y N M T T K Z Q S W
J N E N H F G W Y A A U W P F O B E H X
F I P C R A D Z L G S K M C J U Q S D V
R V A A E S W P D V V U U P Q X H A G H
I E R B M S K C C A C T S O L T D S V L
E R E E I R X T J L Z E F U L T E R N Q
N S D N N U G Z J U Z B F A F I D S P Y
D A N J I X D J J E Y E E X B F J P K G
S R F O S C O Y G D C H L B C F X S D K
H Y I Y C G O N S A F K O C M Y X S T S
I R K I E J I R E A R H Q F T R A V E L
P T X N C R E P P R E F L E C T I O N E
Y R H G I F M P L A N N I N G O G Z V Z
C P T T I J B R G J G D V Q V Y N I B V
H Q E L Z B N C O N T R I B U T I O N K
H R L T I M L B A D V E N T U R E C G P
M X B C X G P I E X P E C T A T I O N S
```

- Reflection
- Peaceful
- Retiring
- Love
- Joy
- Adventure
- Planning
- Contribution
- Travel
- Expectations
- Hobbies
- Friendship
- Playful
- Enjoying
- Life
- Prepared
- Health
- Anniversary
- Valued
- Reminisce

ANNIVERSARY GIFTS

```
B U J H A C I R U B Y V Y M K G K G C E
G I M Y X D F Y Q J P E F V O T W K U U
N H A L S X I S A P P H I R E I U C Y D
I I A D Y F P O T T E R Y K J L I S U D
P M A C R Y S T A L G R A W A T Y H G F
V O T J G C O P P E R D P V C Z D C O T
A A X V T R C L S R G T A A Y O M W L G
F L E N B Q H A M P R E G K B G R S D I
P U M K A Q I W T E G A M R I F G A D R
X M U D A S N S H Y R N L E L R O D L Q
P I M K V F A T R E O D S D R S O G X J
E N Z E S L A V P T R G N J Q A U N R H
A U R Y W E I A T N A O A S V T L D H W
R M V U L D P O B L M K R I K J S D Z B
L Q Z L X S C Y O A L T T L S S D W A R
S Z X K L D O Q I G G S B V R V Y T E M
L A F W O V O D S B D V M E I V U B A H
J B W O Q V E W V A C M L R O Y J T H Y
Z L W Y C Q D F L O W E R S U K J B S Q
I X S G D B R O N Z E C O W P Q R A H Q
```

- Paper (1st)
- Cotton (2nd)
- Leather (3rd)
- Flowers (4th)
- Wood (5th)
- Iron (6th)
- Copper (7th)
- Bronze (8th)
- Pottery (9th)
- Aluminum (10th)
- Crystal (15th)
- China (20th)
- Silver (25th)
- Pearls (30th)
- Coral (35th)
- Ruby (40th)
- Sapphire (45th)
- Gold (50th)
- Emerald (55th)
- Diamond (60th)

FAVORITE THINGS ABOUT YOUR PARTNER

```
B X Q G N D W N W I S F R L T K D L C Z
O N U F N G V P L G K I D E O D A R V R
K Q J M O U T J N G O N C R N P G U B C
C H A R A C T E R I P N A O I H W S V J
E N G Y T J E K L L E Q F S C V C A S E
W S B N F T Q C P I Q G V A C Q E L M S
R T E W I R J A T L C A L M I I L Y J P
X E P X G A F A H H R G L F D I T Z G E
L A K O N I P J J C E E V E K I O V F F
V D U C A T N J D K C L G S L U I A E K
C Y X X B S X U K N S D P A C J S I B S
C M S I A U L U E S E M N F W Y L H T E
R M L O V E G D E L X O M B U E X S U M
E N W O X N I N W T S D J H B L E Q H M
A T M V I F D O C R M W R D L R I R X E
T D N R N N S E I L O N C E S Z U U J
I H A O I K U P H J M P S T Y I Q U P V
V C C K Z U I Q F U A X N H L T D X H K
E K D A U O R J H E K I P R Y P T N X I
N G T L F C J Y R C T L M K O X R R E R
```

- Skills
- Kindness
- Caring
- Patience
- Character
- Traits
- Physique
- Love
- Belief
- Safe
- Calm
- Steady
- Creative
- Personality
- Drive
- Knowledge
- Interests
- Confidence
- Helpful
- Humor

COMMUNICATION

```
K Z P O S I T I V I T Y N S L H F E A T
Z S Y Q F D S U B Z J X S A H E C Z H J
P J S I U L U V T J J E R N N N A P B S
R N U B B N K C F I N J G K E A F E C C
P O E O Q V D L R L M R U I Z C O I D L
A Z P D Y Y H E U E D E T X A T R Y W A
Y L L V B I Y F R B A A D A U A G V T R
Q Q O H T V D R L S P T T D L G I L H I
Q I Y V K N H D E K T S I S D K V H C F
N F K B I O P O S S U A W V G L E K U I
T E N M T N K P N R P E N N E K N B L C
V L E T A R G Y T E I E S D A Z E J B A
O U L H W R I N O V S P C H I J S E J T
L Q O S M D Y R I W H T N T S N S V C I
C V E R B A L I Z E E L Y C U S G N O O
E D B T X F U A T I L C A L M J A L N N
D K M I R O L A R Q P D L I S T E N N N
F O B G M W N X T U F Z M C U P Y X E Y
L E M P A T H Y U J U S N H R U U W C N
E T K R T D G Z L U L O L M E X W M T D
```

- Empathy
- Verbalize
- Connect
- Listen
- Loving
- Helpful
- Patience
- Honesty
- Trust
- Positivity
- Views
- Talk
- Time
- Creative
- Forgiveness
- Respect
- Clarification
- Mindfulness
- Understanding
- Calm

ROLES IN RELATIONSHIPS

```
K G D N W M D U T E F E M I N I N E C T
J F G R B X F N V B K L P T V T D W Y H
I O G L C R A I W L S F R T Y E S Z V O
Z I U E Y N S R S E R U O S R A W U D X
B B N F I S E O A A N J T K T M B M L C
P R X M I N K G D D U P E F P M H O J A
F E O M T X N I J E R U C K A A Q W U R
S D B R H H T R H R T V T P C T Q G T E
L U A Q A B L L U M U T O F F E W N N T
S P M S X R O F S D R X R T T U A T K A
Z M C M F E R R B Y E A N R Q D X Q R K
C M A W R A E I A C R W O X I F W Y B E
Z R B L T D G E N Q Q P T F Z T I U O R
L D Q O U W U N D L P C N K C W F B Y L
P L B K C I I D Q U O O R O C L E B F C
O Z V X V N D K S E C V Y T I C Q O R I
U S W K V N E S T S G J E W M R A I I E
N Q M B J E P L A N N E R R I D T Z E A
S F H G Q R H M A S C U L I N E Q V N K
P N O B H Z E E S E C A J M F P Z W D J
```

- Husband
- Wife
- Boyfriend
- Girlfriend
- Partner
- Caretaker
- Nurturer
- Masculine
- Feminine
- Breadwinner
- Protector
- Leader
- Guide
- Submissive
- Dominant
- Lover
- Teammate
- Confidant
- Support
- Planner

APHRODISIACS

```
P W J T Z V J H T S Q S X W Q S B T B S
C M N W K L B B Y A H S P D B I P B R K
H E X J G J M R F F L X C Q F Z N H F A
O A U L Y S R D S F K O Y E Z I N L Z S
C R L B A H Q R K R D Y M R K T P G Q P
O T Q M S U E T X O P E I P E G P K L A
L I L G B T G E Q N J Q M U N N I I S R
A C N W S H D Z S B D U H E O Q S N P A
T H H Y X E I Z U F P M N M R A T P M G
E O O U Z F L A B A G E A O B N A I E U
Q K T U B I H O N E Y N F E B X C H Z S
M E C H B G L J T S N E A M X G H W W R
F S H K L S I A E I P T G R A R I R G U
T R I C B R L L C T F K V I U C O U H Q
G M L A Q O F R O I A M H T A G A J J E
U I I U C F U G I N G E R X M S U L C O
K C S O U D S M Q Z W A T E R M E L O N
P B H R G P O M E G R A N A T E S I A B
G C T G I N S E N G H T Q Z I C Q T H B
B P K U E I Z S T R A W B E R R I E S S
```

- Oysters
- Chocolate
- Artichokes
- Asparagus
- Figs
- Hot Chilis
- Maca
- Saffron
- Honey
- Arugula
- Cinnamon
- Truffles
- Basil
- Ginger
- Pumpkin
- Ginseng
- Pistachio
- Strawberries
- Watermelon
- Pomegranates

FUN RELATIONSHIP GOALS (ACRONYM)

- F: Flexible
- U: Understanding
- N: Nurturing
- R: Respect
- E: Exciting
- L: Love
- A: Affection
- T: Trustworthy
- I: Intentional
- O: Orgasm
- N: Nice
- S: Sex
- H: Happy
- I: Intellectual
- P: Positive
- G: Grateful
- O: Observant
- A: Adventurous
- L: Laughter
- S: Serve

ACTIVITIES TO DO TOGETHER

```
A I K J S S D L B Q S V G O J J W T V M
Y Y Z H H K R O F T B N V B Z E L P P A
O I N W N E E V R O I A X M U C G P D H
G U F W C T I O Q D O G S G O P Z L Q S
A S D C E N P Y A U N T A K I E M W I Y
X O O G Z S D L F I O Q B R E S B I K H
B S B M D T B H T O W J L A D T X B N L
I R R W A R E A O O J A G G L E B S L N
J D P E E R K N U R P K O R J L N A I W
V Z O L A S A A N Q B K L O G O B I L G
J A L P K D Y T Y I W B F E F Y X S N L
G O S Q W R I W H A S K B O E N B P C G
R N U K E C S N M O K T L L A P H R L A
D U N T J R L G G M N I L H G Z A E I Q
W Q T B S A U G U S K O N E J B R N M R
H O V B N E B N H K V A F G Y S K D B N
P O T A I N M U N C A N O E I N G X I O
E T E S D E Z M G I O V P W R I N M N Y
P D I B H S E P G T N B H I K I N G G J
G A F P C O O K I N G G R G M T W R J X
```

- Yoga
- Tennis
- Golf
- Running
- Marathon
- Basketball
- Soccer
- Football
- Volleyball
- Sports
- Climbing
- Gardening
- Cooking
- Reading
- Hiking
- Skating
- Rollerblading
- Kayaking
- Canoeing
- Pottery

PAST

```
P L N G D I F F I C U L T Y O Z X J M G
R F Y R A O A D Q Q C Y L D P A R B I W
E E P E U L M A V U W A Q Q F P T Z S V
C Y L M K F I T N P I M C H I V X S T C
O G E I H T L D M G S E V U U O Q Q A S
R O A N X D Y W L N H M C Z Q M V S K F
D M R I U R U A O A P O P Z Z D O D E U
Y Q N S H I T S Q T P R R G G J V R S K
R B I C M S S T E Z J I P E X W Y R V L
H Y N E O E S F F F P E H J G Z X F E M
B I G N L A P E J P T S O J O R O K Z E
H A S A P V Y Z G E W E T W D P E G E I
S R I T T I Z T V M O P O I O Y Q T A H
G T X W O C J I E O K A S Y V F H W S M
C D Z E F R H O I V Y J N H B N T I I I
L T V T J C Y H N E R N E V E N T S H T
Y F A X R Z L J U S U I O H I L W L X I
E Z O A Z M N M Q F N X Y S Z J J G Z M
E G I C S V F R I E N D S Y J H Q Q V E
M V Q W C V X J L W H R U H H G Z K G G
```

- Memories
- Mistakes
- Difficulty
- Past
- Family
- Regrets
- Humor
- Archive
- Friends
- Learning
- Reminisce
- Record
- Funny
- Moves
- Nostalgia
- Events
- Time
- Lessons
- History
- Photos

PRESENT

```
O N I N P I U E N J O Y I N G R B B M P
M B T M R Q P R A M O B S Z J E H D U C
O W G E L T G Y I B U M N F R J T S F H
M W W N E N R C Y N X M I E C I G N W A
E H O T I L H H Y R O R H N Y A E T E L
N G M V A W A R E A Q W M V D Z R L N L
T Q I X A J N S T R I V I N G F M U P E
V L B A T T E N T I V E F V G X U D A N
I E S F G M E Y F K V I L L H U F L G G
M W J T P I N T E N T I O N A L I T Y E
M M C N N R N T E C D Q S L G U K J C S
E I S B Y Q E V O J U J W U Y P V Z U L
D H D Q P V I S A D V E N T U R E E F B
I U C W D L Y T E Q C U R I O S I T Y D
A K U U A E L G F N C O N C E R N S V Z
T K T K W K J C O N T E N T M E N T H L
E K F F J T I L E A R N I N G D Z O U W
F E N G F I I Y D D H A P P I N E S S V
N M X Q Q U O I J Y S G A Q E Z A F H Y
T C G J M M F T S N Z L U S O Y U E U T
```

- Living
- Learning
- Curiosity
- Adventure
- Challenges
- Striving
- Enjoying
- Happiness
- Contentment
- Concerns
- Now
- Immediate
- Mindful
- Here
- Attentive
- Moment
- Alive
- Present
- Intentionality
- Aware

FUTURE

```
D G P R O G R E S S Z T I L A S F N Q L
A V X L H Q T C W G Y K D W F F U U L C
U E V G T O P T I M I S M O N E X T C D
P O E D I P E C S K C I H W U C U O T C
O A S P I R I N G Q M T I E U B T E Y C
S W D P E Q O N A M W D X N H Y T T L H
S D P T Y M I X U O G H P D M A S S G A
I W H G B N P P R N Y B V L Q Z J R U N
B V T K N Q S G W J C G Q E A D X K Q O
I X N A W W Q W R R E E D S U S R A M Q
L V L L T X U Q Z W M D R S D R E A M S
I P E U W D Z A R Y E F C T S E K G H W
T E F X W U P C O M I N G M A B U T A S
I C O N F I D E N C E B Q O B I T O S D
E C I N X S C P O S I T I V E G N L B U
S D M F Z E X C I T E M E N T V E T F O
F J D A H E A D Y Y A K D D V T W I Y I
Y H O P E T T H W O N E D M E I B X Q F
H I K L C G O A L S A D V E N T U R E I
A B B I O P P O R T U N I T Y T O K H O
```

- Dreams
- Goals
- Adventure
- Possibilities
- Positive
- Endless
- Opportunity
- Hope
- Doubts
- Planning
- Optimism
- Confidence
- Excitement
- Progress
- Growth
- Upcoming
- Next
- Uncertainty
- Aspiring
- Ahead

GIFTS

```
L R M E B Z M R Q Q Y B U N I Q U E U C
A F Q K S O T H O U G H T F U L Q W A H
M L L S D X L K B Q R E V J Z T L V U J
Q A B W I B R O F B F S U F G A I A Q S
Q J H X J Q T I P Q G H C X J Z F O N T
E E D A W M A M S M Q O Q R L F D P O P
D W S D N U U F B J E E X A C E V H T B
L E V R E D O L L N Y S N X P D Z G E F
R L N S Q J M U Y G E O V P N O D I M Z
O R A A N N F A W O I S A O C R J F F Z
J Y P Z S E L F D S L R E E A V N T F T
Y N E Y S E E T A E W S T C L Y Z N J L
P E G U Z D N C J N I A T V O F G R K E
K O E B X S C T D R R F Z I V I U K Z T
X Z J B U O J L P B I K O W E U F D H T
C Y D E W Y K R E G Y Q T O K W I U A E
R D J S H T U L W Q P L A N N E D L A R
C C J C V S E P C L O U B O U G H T A D
Z V S D R C S P E R S O N A L I Z E D R
M V I M E D H J Q W U C L O T H E S N V
```

- Surprise
- Handmade
- Bought
- Wrapped
- Thoughtful
- Planned
- Jewelry
- Clothes
- Gift Card
- Shoes
- Needs
- Letter
- Note
- Love
- Occasional
- Celebrate
- Personalized
- Unique
- Gift
- Useful

WORDS OF AFFIRMATION

```
P D L J R K P U N I Q U E L W A M S C X
I D V L S O L C O N F I D E N T I R Z P
N N Q N D A D V K N A B C G W L G K Y D
C J T L I S T E N I N G R S V N O B T W
R O H E J G U P L I N Q V C T R N V O R
S C M A L V V W X Z C A R E X K B W E R
P O O M J L C A G N V X B V S I P I E V
E M O Y U B I N G B P N F A F N C T L E
C P P Y D N I G A Z J P M M D D A U K R
I L S L I V I R E P K M X F A I F L Z B
A I D E I A E C N N R D D Q C K N O L A
L M E G X C T Q A O T L W E N T N U T L
U E X Q J Y Z T Z T K R R A U H F O I I
T N M A H A Q U E E E P H D H I L R B Z
K T N O T E J S M N P T Z T T Y P E B E
B A M A Z I N G Y A T I X U E K O W J Y
U T P H Y Z U E D Z N I A C U F F R Z I
M Y U N S P U S X F Y E O S U P B I N S
H L O X A R W A A Z B F N N K R G T M K
J E B Y W Z M U P U F N T Z P H V E F H
```

- Kind
- Care
- Compliment
- Verbalize
- Beautiful
- Intelligent
- Amazing
- Listening
- Attention
- Communicate
- Write
- Note
- Love
- Appreciate
- Thankful
- Giving
- Special
- Unique
- Confident
- Sexy

HEALTH

```
F U S D G U L O N N V H M G D B E F Y O
S S O P U X T K M I M W E G V C X M S E
C O B L C A Y H G F I X A K E N E I A T
F C S F S A S D R I D B L A G J R Y T B
G Y Y Y U R R K F G V I P P E D C J K Q
I I V R O F V E W C N O L P T C I U K A
T H G T K A J B J Z N W A O A V S P K Q
L G C D Q R I D I E T A N I B J E D M W
P O U T W X K N S E L T E N L V Y S E J
D P B M H R V U R Y G E D T E I P J D B
Y A G L O R O I J J W R R M S T H S I T
X Q K W I B V H Z C O S T E Q A O I C Y
U C B B X Q U B B U F P N N K M S C A E
O A P C S I D V U Z A R L T R I P K T S
L C V M Z V F A Z V R V U S I N I N I L
L O S U P P L E M E N T S I A S T E O O
O E T F B W I W C T E S T S T I A S N A
R K H O I U X N H R E P S W U W L S H B
X W Y N Z N O C N I N S U R A N C E S S
X X T M R T Z S M O O T H I E S T A Q O
```

- Food
- Water
- Smoothies
- Vitamins
- Doctors
- Tests
- Exercise
- Diet
- Insurance
- Lab Work
- Hospital
- Sickness
- Care
- Meal Plan
- Fruit
- Cost
- Vegetables
- Medication
- Supplements
- Appointments

KINKS

```
X P X Z S C K X U J Z K L M Z C R Q I S
E R B E I H U M I L I A T I O N W M J U
F I G B R E A T H U X S I V J N S E R B
K M D R O L E P L A Y N W L P D J O B M
O A E O Q V B D E E O R Y G B W T F M I
I L J K M C L V B X V D Y O E C X N J S
G S X O J I B C L T D A X O S Y G Y H S
X O Z F X F N P G A A H B O N D A G E I
S F O A Z Y W A D Q K X J F H I Q W B V
P N T O G X C A N U M I F C G L V P G E
A U H F C D Y P P T E P N M U D R O P E
N J A A S A D I S M V S S K E N Y V D I
K G N S K N O G N M R I O L Y P L A Y Y
I C D K I R U J T A H R C G P N K L C C
N N C Y J B V H L C O I N A U H Y H B B
G G U A R J L O F L I Y E L A Y A M N
J Z F G E E O S L B T S D M P J U C Z O
T F F R L C A F U I P R A I S E K Z D I
P A S X G M H P B N I Z I D E S Z Q P A
G A R L U F G E Z O F X C S I C P P M L
```

- BDSM
- Bondage
- Dominant
- Submissive
- Primal
- Daddy
- Play
- Sadism
- Masochism
- Kinky
- Breath
- Spanking
- Biting
- Handcuffs
- Rope
- Collar
- Praise
- Humiliation
- Public
- Roleplay

FEELINGS

```
M Q C E O Z K G A D U F H S F M P M J K
P W C K D I S T D P H O H H B V Y M B U
S B H O D W K C M F R U S T R A T I O N
U D E O R C U Y S W O D P G E J U P G A
S T D J M C F H H U E A O H C B I M I B
L J D P G M M A Y S L O E T H L O Q B A
H O A O U A D U S U P X X P X J Z W G N
K F Q S T A N E H G O N C L R A X T E D
M T M I S K R X S W L V I D E A L H X O
J P G T Y T C H I B C D T M L X N N U N
S E S I S C B U U O B C E S I H G G C E
G A U V Q P O Q R R U C D H E A A Z R D
W C R E X C I N E I T S T G V P S L Y Y
C E P J B J C X F P O I N G E P B M T Y
X F R G H L V J Q I M U E B D Y A F M R
V U I H N O N M T L D F S F R M J O Y H
K L S M W V T U A R L E R W A L O V E M
T M E P T I T C Z D W E N E E D O S V E
D W K A F B L I Z Q M H R T C P Y X R P
S Z A J O R E J E C T E D D D T V T Y L
```

- Sad
- Happy
- Excited
- Angry
- Love
- Joy
- Surprise
- Frustration
- Hurt
- Rejected
- Abandoned
- Curious
- Stressed
- Relieved
- Peaceful
- Calm
- Anxious
- Positive
- Confident
- Shy

MORE ACTIVITIES TO DO TOGETHER

```
V Y O P O F C V K B U I L D I N G O G S
R K N J R D U M N W G H A N K K H Z O U
P O M J N P L E J N U H T J B G V K X L
U C A S W I M M I N G M A O N Y N A K A
S P O D P L O W X E L X I I Y I B R I D
N U A L T G A B X Y M S L N K X A M U U
O Z V C O R O N M C V C P P I P G N S F
R Z K Y D R I V G X Y H U A R G P U A I
K L K G Y V I P R C W E L E W S O Z H U
E E I A A W N N L R R A T M C B Y L O Q
L S C M R M U K G I L A Y I D R P N F V
I B P Z F A I D F Y W G N M S J I H V V
N B U I O Y O N W U O C I P S J H P P C
G K B L G O O K G E I K Z Z U R L E S A
F E Q A X B K H E P U A T X Q M J S X M
J N T Y I J K K C R A F T I N G O G H P
J G N D V S N O W M O B I L I N G I D I
J Y G Z F T Q O X T H E M E P A R K B N
N L C Z D T F T L T C Q K O A N F V C G
B X G Q T Q B V R I Z E K L Q F Q L A A
```

- Picnic
- Karaoke
- Bonfire
- Puzzles
- Spa
- Drawing
- Coloring
- Snorkeling
- Camping
- Cycling
- Waterpark
- Theme Park
- Road Trip
- Minigolf
- Gym
- Swimming
- Gaming
- Crafting
- Building
- Snowmobiling

RELATIONSHIP CHECKUP

```
O J H S K H Z V B P R M G D R Y R S F T
V T H Z C H I E W A G L M E E D S E Z I
F B S R I U C A I O O X T V B R K F F R
B S S W X A T S K M N T A G Z Y T Y G D
F C A H L C E A P A E Y U T Y M T M N O
I A W P B L A R N B C P E X I S Y I M D
N L F O F S C K H Y N N U I E M M Q P D
T E H O A R R V L D R D C N D N E G M K
E G R O W I N G F S U A O X E R E U N C
L H T H E E T M T C E H T P D E Q P J O
L M X G D Q H L Q N H X O E P O M A B M
E Z P H Y S I C A L J E U V N X L T F M
C H A O S B E S Y C T R C A M R S I J U
T E D Z S E M P A T H Y S K L Q J E P N
U O J B S B X A S J T P F T U T E N Q I
A F Z E M O T I O N A L E U E P G C W C
L M B W M U L D I G N Z K Q R D F E Q A
W C O N N E C T I O N L R W N E E D S T
P F A V U L N E R A B I L I T Y K D F E
X G S S C O N V E R S A T I O N F V L Z
```

- Scale
- Better
- Emotional
- Intellectual
- Sexual
- Physical
- Connection
- Rate
- Conversation
- Communicate
- Needs
- Growing
- Checkup
- Open Mind
- Empathy
- Time
- Patience
- Place
- Honesty
- Vulnerability

ESSENTIAL RELATIONSHIP SKILLS

```
L Y C K C O M M U N I C A T I O N D X L
I I N T E R D E P E N D E N C E G S A W
S L I P V K V C Y X L R N W G C J O F
T F S A G V J H A P O O W S N Y N M O P
E I E D N U T U H C S O V I U H C L Z O
N N L D P A N J P R J W R I B S J K Y J
I T F D P A B D R H D A J G N F J T W G
N E L M Y P T I E F C Y X C U G I E B G
G L E I J J Z I N R T S R M L V D N U Y
S L S N Z F C M E S S I P J I U H X D A
T E S D R I T O E N O T Q T T Y S Y G A
Q C N E G N C N M S C L A I G G U X E S
Z T E P U I O M J P X E T N R N X E T S
X U S E S H V F S N R A G E D E B Y I E
L A S N E F K I X C R O W E M I M M N R
T L D D Z J L R N G H T M S S S N N G T
R O N E W F Q T N G K H G I X Y N G S I
T V G N A H R U U Z G J C K S C H B L V
Q C Y C Z S E X Y U D S W E Q E Z G H E
M C L E U O P E N N E S S E R N G Z T H
```

- Listening
- Empathy
- Honesty
- Gratitude
- Budgeting
- Patience
- Sex
- Giving
- Selflessness
- Compromise
- Understanding
- Assertive
- Openness
- Caring
- Loving
- Creativity
- Intellectual
- Communication
- Independence
- Interdependence

BAD HABITS

```
A I N F I D E L I T Y Y O Z X I M N P O
C T G L F Z O J S E J E M U Z Y H K B Z
O X R M N P E D V P P E E P B D O F L R
N B U R E M A N I P U L A T I V E H M G
T Z D R E S U P C B Y T E L G L S H G X
R C G Q U J S I C X W U G S O T Y N F Z
O X E V O P L I I O O O V O C U I J G T
L M S N A G G I N G M Z U E B P S N O L
L L I R U D E S M E X P P U O I Y R V
I E Y P E A N I A G S S L O X T S Q V K
N M A I G K D E N B E S N A P O B N G C
G J L Z N B D I G R O S P U C G M N B Y
A S N Y N G M S S A E T R Y C E I C U W
G T E G C U R I U X T R A E I L N N L N
S Y B C S R D V G N E I Z G L N L C L Z
W Q V S R U E X K T B M V E E T G R Y B
P S A W M E U X N I W O Y I D I N L I Y
C O W K Q T T I A U N W M Q T X L U N C
A F B T L J S S S Y S S I X X Y A X G O
N C K L A I U B F L G N Q O A J S X L T
```

- Negativity
- Messiness
- Yelling
- Jealousy
- Assuming
- Lying
- Spying
- Snooping
- Nagging
- Complacency
- Grudges
- Secrets
- Controlling
- Manipulative
- Rude
- Disrespect
- Bullying
- Infidelity
- Sabotage
- Interrupting

THINGS EVERY COUPLE SHOULD TRY ONCE

```
W B Z H X O K Q A X S D F T K J P C N S
P V M L H I V O L U N T E E R I N G Y Z
M F E G L G S K V W O R K O U T W O N J
L Y T T N S E P K U V N L N J X T C F D
F A N T A S I E S Y X B W M H X Q S G C
W X Y H D U R A N A V G A S E P S R F T
K I N B S O N E V Y E O V S Q O T A S L
S E N S E D E P R I V A T I O N A I B Y
D P I E L R D R L R A L P G P Y R N O C
J A A H T V N A Z U G S C C I Q G K D Q
Y R B K M A W R E Q G E A E N N A I Y R
A A I M A G S G B P W T M C S J Z S P C
O G T K Z M A T A E M T P R H F I S A C
J L N M A S A R I V V I I W L W N S I Q
T I R D S M T S R N T N N K S U G L N X
K D Z A R N W Z U X G G G A O Y I U T F
X I M I A X N G A T U Z J X B O I Y I I
E N J T M F S R J X R L Z H H G A B N I
N G T R A V E L C T L A I Q K A R X G S
M E U N I Q U E F O O D V W R I M N R J
```

- Travel
- Kama Sutra
- Fantasies
- Tantra
- Unique Food
- Sex Toys
- Goal Setting
- Unplug
- Stargazing
- Body Painting
- Workout
- Yoga
- Wine Tasting
- Volunteering
- Massage
- Camping
- Paragliding
- Sense Deprivation
- Kink
- Rain Kiss

EMOTIONAL & INTELLECTUAL INTIMACY

```
W D T E G Y T T X S I X M O Z R X W C Z
Z X M W G A Y L C O R A S T A U G C O R
Y B M P H P A R T N E R S H I P R K N R
S S V C P I U U G G R A T I T U D E N B
S A K E H D C O N V E R S A T I O N E C
R R G V R H M X J G W J V Q A C R G C U
W A W E C B V J P A S S I O N A N T T N
S E F X C J A Z E W L B Q C D E G Q I D
A R M I O O G L C F I I V E L O E F O E
X P L O S B M Y I A E K W L N M X Y N R
Y C F I T H I M S Z L E A G C Q E F Q S
U R U E S I A X U C E H L Y V G W J N T
P A E X S T O R Z N C G B I N K Y V U A
G E I A G U E N I Z I D B I N H Y O C N
D R F K D I T N S N P C N O T G G Z U D
J I O D Y I B C I Q G R A A O C S P D I
T V O W B A N D Z N A Q P T X K H B B N
I M F M I H L G T E G M C F E M S W E G
O S F C T N V U L N E R A B I L I T Y X
Q H T J C Z G P Z O L F V H C Q X E D V
```

- Empathy
- Connection
- Chat
- Listening
- Feelings
- Emotions
- Sharing
- Partnership
- Reading
- Books
- Conversation
- Challenge
- Learning
- Growing
- Communicate
- Verbalize
- Vulnerability
- Gratitude
- Understanding
- Passion

PHYSICAL INTIMACY

```
E D M H A I L H C L E G X S Q N Z L K G
P N U Z Z L E C V Q P S E C J K P J K E
E S C I O U U L B M A S S A G E K R Z K
Y E C U D S F Y O H A N D S E P K J M L
E O C U D A C T I V I T Y H W A L C S V
C Q W A J D X Q F L I E C Z I L G X T M
O E P U R I L K E E K N U Q S Q Z T R F
N C N R T E G I L T R I G X O Z B W O O
T Z P M E Z S G N J O H O L D I N G K V
A P D T B S G S V G B U G C T U Y B E Z
C O R S H U S U I R A N C G H H A G G G
T L U H N V F E V N I U D H C A Y U Z E
W G B S I M I Z D Y G J P O H V H F H Q
D E B E P V F Q A D F M O S P D H L Q L
Y S I B Z I E L P O G M U F G Z C D F I
W S N B F S S R X Y S R O G U W B P T Q
F W G J P L T N H L B C N Y I H Y W M F
Y M H V A X Q K I S S C L E W Y I Y I O
R E L A X I N G J I Y R B J J H L U P Z
F K O J X G X M B V I V S M I L E C L J
```

- Holding
- Cuddling
- Snuggle
- Hands
- Kiss
- Hug
- Massage
- Nuzzle
- Relaxing
- Activity
- Touch
- Brush
- Caressing
- Rubbing
- Eye Contact
- Smooch
- Laying
- Loving
- Stroke
- Pressed

SPIRITUAL INTIMACY

```
X M U Z P E R S P E C T I V E X P W Y B
P N F T M Y K X R E A D I N G T Z O G B
W E N V T L C G P G E K Y C J A O N C S
A X K O Z H N E N J O U R N E Y D W P X
Y S A S W I O I J J U I B L E N D I N G
B G C D R L T P D U Z F A B S U W F M C
K T Q A H C X G E K P N C X Q V R D P O
R N H F E W Q R V E M P A T H Y Z J C L
D S F N O P T O O X P I B T E Z U Y I J
I B N L O G G W T R H L P E H H L Q N
S O L F I G P T I O O P E N N E S S O C
C E E T Y S X H O V P A Q X C N I I B J
U F A I T H T B N J O V S X U W G S K K
S N R W O W K E E K S O X U S I I K M C
S X N I R X Y E N L O B M T L C D Y M T
I D I A Q A L G H I I W I E D Z L Y Q G
O T N Z Y D K J L W N E R L X Q M G N B
N Y G Y R I F Y S D N G F Z Z Z V F Q E
V R X V A L U E S I B V O S R X C R T B
S G I U E F S E A R C H I N G M I J K W
```

- Searching
- Learning
- Sharing
- Growth
- Journey
- Listening
- Empathy
- Openness
- Reading
- Religion
- Atheism
- Faith
- Blending
- Discussion
- Devotion
- Beliefs
- Hope
- Perspective
- Values
- Connecting

SEXUAL INTIMACY

```
S R H J H N M A S T U R B A T I O N C A
L A I S D E P Y X W T Q D C Z D J Z Y H
U H D U S X D K U M V Q Y G T P R S C T
D U F V X L W U Y D N N L H S R A U B I
N X K O E O H A C N Y A B M V T E W Q D
F A A M Z N L P Q A U W S O N P H U M H
Y Q N F D P T J L T T A N A D T Z S P J
X T G N E B N U U A G I F I D C A E S G
L Z C R S R Q M R R Y F O E I R R C N J
I X O H X L T K O E G E Z N L U W I T K
S F Z S J U Q I X V E T K P S G Y R M K
T W O H Z N H V L Y F M A A F F H F R M
E A K X X L F Z E I S U E N S F K J O J
N I H W W M S E X I T L L I T Y B T L U
I V A B X J H D H N P Y T V W R Z O E P
N K F Y Z N H D F Y Y A C O F S A Y P W
G W O H N C J L O J S R L K Z G H S L R
G R Y O U R O H T L E S U E Y R S Y A R
Z R G O C O M M U N I C A T I O N X Y Z
V O T E X P L O R I N G D E W M L W V Y
```

- Sex
- Fantasy
- Role Play
- Toys
- Orgasm
- Masturbation
- Play
- Mutual
- Pleasure
- Exploring
- Foreplay
- Adventure
- Slow
- Satisfying
- Fertility
- Education
- Listening
- Communication
- Tantra
- Touch

FANTASIES

```
M J N W D L O N Y N J D J L Z N F C X Q
G O J D R I N G T A P Y J A M A C Q N F
P G Q B E X C H A H I L O B V G B V J Y
V E Y J S Z J N W A R V A G O P F O M B
U X R Q S V X U C A X E Q N G N Q L L C
R H O K U U I K F L M T E K N Q D O Q U
E I P M P F M W D E Y B V S H I M A Z Z
S B E I T J V Y H A H Q A G O S N G G D
T I Q B P A C P L A C E S Z I M N G L E
R T X D Q F Z P F O O D C R W I E V B F
A I L S T T E B R L D I U E G B H A V Y
I O X M R L R A A N G E R N H B M J H R
N N P A O V M U J B Y U I U A O T C Z V
T I L R Y Z X P V O S W N H N R O P X Z
S S N X M E U Z V A S C A A D S K L U R
S T G D S C O N E S J L K K C Y R C R W
U M H I R S N L I P M M E I U D D A Q J
U Q X M Q P P R V O D C D N F K K P J U
Z E R P O S I T I O N S F K F H L U D K
T O C I O W J C F X I K G S S K T M U O
```

- Dress Up
- Positions
- Kinks
- Bondage
- Restraints
- Rope
- Handcuffs
- Voyeurism
- Roleplay
- Exhibitionist
- CNC
- BDSM
- Swinging
- Planning
- Naked
- Pleasure
- Sexual
- Places
- Food
- Threesome

BEST THINGS ABOUT HAVING A PARTNER

```
U R E J S U Z R X J O Y O A H L O T T Y
Z O V I I J J C J L S E C R E T S D A C
I W C E N E Z P B T Y T P G R O W T H O
U W I Q T D C V Q N H C C V D Q U C H M
I G J T I S Y M P A T H Y W R X F U D P
U L K N M E U J W N B A E E R H N N E A
O A Q A A W P X L Y W D I E K O A D H N
I U Z U C S U P P O R T N Q Z Y O E I I
W G V A Y W L E M P A T H Y V O Q R R O
S H G X J Z F E D N R N Y I V H G S F N
D T I B V I T T J A O L F Z I E E T M S
Z E F B R A U K P I N O V Z K Q F A E H
E R B N M F C W T H G V G C A E U N M I
P P F M K X C A T U G E T E I E N D O P
K O A T Q M D L V I L H X L E F P I R D
Z E O I N I A G H O P E E C H Y A N I S
T J N H L E T S C Q I B L H U P B G E G
O H B A H X K J A O A N Y M O X F J S P
X W V B H U R E L I A N C E A A Q T W L
K K V O G Y U E N C O U R A G E M E N T
```

- Teammate
- Partner
- Memories
- Reliance
- Validation
- Love
- Support
- Hope
- Empathy
- Sympathy
- Health
- Belief
- Growth
- Joy
- Laughter
- Understanding
- Secrets
- Encouragement
- Companionship
- Intimacy

THINGS MOST COUPLES ARGUE ABOUT

```
Z M K Q O J X A V X G D R I X T C E X M
I J J P B F X T T E M P E R A T U R E B
B I D K A N A S J X N F O L A A J V S I
H V I M C C O M U I D X B T D W U V P K
C U S M J O S W I O E Y H W M X Q S E A
O E H E H G L J P L C H O R E S G Q N W
G Y W U L E R D B T Y Y G A C E I B D O
X A A Y A A A A F R Q N D I F M G U I F
J L S S U H L L F E I A S H I Y F R N Q
W N H J N Q D Q T V E U Z Y N J Q A G L
D E E T D L O F A H M T W N A R D P B T
P L R R R V Q S R G J V S N N R T A B V
O F B A Y S E X D K U Y O I C E S R R X
K L U V V P A X X M A I E Y E M O E J Z
V B D E E K Z K X D T A W S S O X N P W
S J G L R V D E I A T N F B Z T U T S L
R F E I M I Q L C I N L A W S E S I Q B
X M T N U U O A D Z V H U Z W L S N N W
M Y L G O H V Z K Y I Y B Q I V X G M G
S S C H E D U L E R O C Q N S F A K J A
```

- Sex
- Finances
- Health
- Budget
- Parenting
- Spending
- Saving
- Traveling
- Family
- Dishwasher
- Laundry
- Chores
- Remote
- Schedule
- Holidays
- Music
- Cold feet
- Temperature
- Vacation
- In-laws

PLACES FOR COUPLES TO VISIT

```
D C N P U E R T O R I C O X U K N X J E
G H R M Q Z M Q D Q C K Z V S D P I U U
U B E F S R U A H G M I P K S R X P C L
G Q N G F N W C U L O I T I B S H P P C
F E T A H I T I X I I V O A M W A Q H G
N B H M I A I D B J N P D K L K R C R P
F P Z N B R A Z I L D J A S G Y G A O P
D A L I R U M I J L I I R R F I E N A H
T S D O A R T S R R A A Q Q I Q N C U K
S U X E S D K D D S R I X G Y S T U W C
T Y N U L M G R U Z S B Q H C P I N M M
X U V A X E V F J A P A N A T V N U X A
J F H S Z X D J X J K D X N H T A G V L
E L D P R I G L M A B D N A J H G B O D
Y I O E P C D U N M R K G T O K Y O U I
K L N N N O O T U A C E U Q E G M K Z V
Q E M N D A I V Z I S V X R I Y X V F E
K X E O V O K Z E C X H V Q G X C O L S
I J R M G Y N V R A G W Q M Q M O A R L
W C O L U M B I A J B A N G K O K U O B
```

- Bangkok
- Jamaica
- Juneau
- Aspen
- Maui
- Paris
- Italy
- Ghana
- Brazil
- Maldives
- Mexico
- Cancun
- Tokyo
- Japan
- India
- Puerto Rico
- Argentina
- Columbia
- Tahiti
- London

THINGS YOU'LL SEE IN THE BEDROOM

```
J O Y X G O T E L E V I S I O N U S G N
J N U M I R R O R P S H O E S N R N B Z
Y T N U O G X L F F G T F I E F B T I W
H D J W R X R K J I R M G D W J J S M K
U S E B Z A H D C R L P I C T U R E S W
P L B O H B G R L T B A T H C A W D Q X
E I G O S I Q E O N O W M J L N E O H I
F P P K D I N S T Y U Y W P O B E G U P
H P F S F F S S H D O X S A C G J M K E
L E T K B Y W E I C A J F O K H Q N Z E
R R C H M V G R N I G H T S T A N D S L
R S Y C T K H V G Y Z U U H N L N R I S
N J L L A W Q A C X T B L A N K E T S O
O K K G B Y N N N E O C E S S G B N X F
H H P W L M V N S D H M W U R V W Q C I
Q J D B E C A O C N C O B A Q U N G H Y
Z V G R W Z L M R Z L U H N A M P U I C
X D A D P C B K H L J C F H P E H H E T
B D E C O R A T I O N S U F W Y R F M L
N T C T T B U P Z B K C K H S S E M I Q
```

- Bed
- Dresser
- Closet
- Pillows
- Blankets
- Decorations
- Handcuffs
- Table
- Toys
- Books
- Lamp
- Mirror
- Clothing
- Shoes
- Chargers
- Television
- Pictures
- Slippers
- Nightstand
- Clock

PLACES TO HAVE SEX

```
Q G C G K M V R J F X D F J M V A Q A N
J K I T C H E N N P R Q Y D I T G B L U
Y C Q E J I J N H A P G C Q F P B U K P
I H Y C J Z M C Y E F O O L O R F J N A
Y V M Y J C A K M Z S N O T O O V F T U
O Y T T S E C F P D H H F L F S Y F U M
I B A O B A X D E H S O O S J C E O R M
O U A E B B Z S W Y O L T W P N R T C J
I L J R G B A A W R N W D E E K L E N B
C Z I G N O N C L O D J A O L R I Q Z U
C D R V A A O P K Q O D P T P L J O C D
E A O T I R H U Z S R D W R E D W T L F
C D Y M N N A L T L E T S G D R I T N M
R D Y Q S W G G U D Q A T J J U F P V A
J Z J R X E G R E U O C T G A P O A J K
G Y L W K C Q E O A K O H T E N T B L K
R G A R D E N G A O L S R F Z M F Q Y L
S Q L B O A T H U P M K S T A I R S K Y
T Q B A L C O N Y S C S I P S X T T E Z
L R O Q Y B E V G N W O I D J X I C U I
```

- Outdoor
- Pool
- Backyard
- Kitchen
- Garage
- Shower
- Livingroom
- Hotel
- Stairs
- Boat
- Beach
- Backseat
- Woods
- Waterfall
- Tent
- Barn
- Rooftop
- Closet
- Garden
- Balcony

SEX POSITIONS

```
Y E Q C W H E Z V U F H K I U J O J X T
A K E G I I K Z G M J Q D S T H I L P M
N U F B G N T N J J S U F W P L B O N M
G X N G F R I B P R O M C L W E T N P X
O Q O A Z T Z Y B G S B P R O E G I E U
M D F X T W W A N U V A S F L L D B O A
I H P I C I H I H B T U D B M L G F I F
S S S I E O K E M M T T A D E W W Y Z F
S P A F S N U X E O S T E Z L F V O O G
I O E G A C T N L L J F T R S I A F A F
O O U L T C I D T R B E C G F P N J K F
N N P S T V E S S E R A U O H L O G Z P
A I S Z F P D O S P R Z R B W Q Y R D D
R N H T P W M Y F O M T Z R C G N N K S
Y G N A A M A I Q F R V O D O C I O Q T
W T R P W N M G B N N S J P M W Y R G I
M W S W Y N D N X S I X T Y N I N E L K
P B V O A I E I C S P E E D B U M P B B
N J C L R E Y D N F L A T I R O N Z G B
I A M T X C H R J G Q W O B Q R V S N K
```

- Doggie
- Sixty Nine
- Missionary
- Standing
- Sitting
- Cowgirl
- Faceoff
- Pretzel Dip
- Flatiron
- Spooning
- Spork
- Tabletop
- Butterfly
- Countertop
- Scissors
- Saddling
- Speedbump
- Planking
- Wheelbarrow
- Wrapped Lotus

69

PREGNANCY

```
Z L J V L D V G R M N R C F A M I L Y P
H N Z O M Q O J W I A E Y Y Q M D G X A
U A K M A E E C C B I Q L Y F N R M O W
S N T H U O S T T V L Y D E U B R N T N
H T S Z J N C B W O R H N O A Q V T G S
K I P I O C I O V Z R E S C K R X F E W
B C D I C T R O Y C R A V I N G N I N G
U I T M O K G K L G R L E R D T R I Q J
L P P U A U N S P T T C Q W R O U D N O
O A X O P T V E L F L X E O M Y U Q G G
Y T N Z P T I U S L M H P E B T H E M R
D I R N O D T T P S R P M A A B S A A Y
R O P O I R A E B F U Q B E S I J C T I
D N T N N A M S X S X L B P R V X C E M
P J S M T Y I T Q Q D T Q P D O N A R X
M S A J M P N C G S R L R S B N O D N P
C A C T E Q S C S A B U V X B B V O I F
V B Y E N O Y P E X S P L A N N E D T O
O I M A T I W H L U U I S O U D B Q Y P
C U O H S I N F E R T I L I T Y E P U K
```

- Baby
- Test
- Doctor
- Ultrasound
- Vitamins
- Surprise
- Planned
- Infertility
- Memories
- Craving
- Sickness
- Books
- Learning
- Heartbeat
- Appointments
- Options
- Family
- Support
- Anticipation
- Maternity

BABIES

```
O Y L E A R N I N G N G D D Q H Z Q S L
M V W W H P U N K F M D I A P E R S W R
B N Y R L O Q G R A T I T U D E G B H I
L D H E M W H T M Q R X R Z H M L F P X
H P X M X D R K C R J F C S M V B V A P
U C I O F E I S T T R S B O L K V Q S O
Z H G I I R Y L C J E C I X F F N U E D
W A V Y I T Q Q O M G C P T Y F O O H G
A L N A L E O J A F W W R H U I E G H L
Q L D P V J Q N E Y X B T I C D S E I Q
I E W N L Q O B A B Y W G E B N M H D N
H N B N V X C Y K Z O H R F T H S T E O
C G E R P V S U K R V P M A E R C P N S
H I H B U Z M W G V C M A V A Z C R P L
A N Q U T L E T C T V Q D Y R E S I I E
O G Z V O H L D T E Q J K C S L V Z Z E
S R I A Y L L K Z L D G O S L E E P Y P
Y C I F S I B K W J G H G Z I O S U L M
V Y C L O T H E S N C H E H N D R Q S S
E B O T T L E S F R T J C S X Q W C G P
```

- Names
- Diapers
- Chaos
- Learning
- Tears
- No Sleep
- Smell
- Powder
- Clothes
- Growth
- Precious
- Joy
- Challenging
- Sleepy
- Bottles
- Toys
- Crib
- Baby
- Coffee
- Gratitude

MORE PLACES FOR COUPLES TO VISIT

```
V Y C N D I M D S A A H H U W K P N W U
K L N P C L B C U I S G J Z Y P N E A Z
U Z H G L C H L W B H I R C U I L Y J H
K B O F R A N C E M L N A K A L P O B T
N G L X U I O Z G C U Q T P I T C D Q S
I X L O V B X K A K W Q S V P C R J Q E
Z K Y O O D P E R U G T H W O H I Q Y A
M K W A A Z V C G Q K S O R O M J A L T
I A O K A U H I O R A F O R B Y K Z A T
A P O D Q L S A R N E M S E O I W Q F L
M N D U Q Y G T A E I E P Y R N H Y G E
I D E V Q R D E R U L G C O W B T M R T
C H E U D H A A R A C A E E R U V O E N
A Q I Y R G H I Y I L K N R F T C J E W
H R K Z S O T I E W A I L D I R U U N N
S Z Z F B W P F G A R T A A A A Y G L S
J B A V Q D U E Y U G H T I N Z Y T A F
F G A G J A X B P Z H X B O P D M Z N L
U R F R X R K T T A U V D J V M V U D L
Z B U U I A D K M Q E M V O R K Y E G D
```

- Ireland
- Greenland
- Portugal
- France
- Nigeria
- Auckland
- Egypt
- Spain
- Toronto
- Peru
- Miami
- Nashville
- Australia
- Algeria
- Seattle
- Morocco
- Greece
- Hollywood
- Europe
- Asia

THANK YOU

Congratulations on completing this word search activity book! We hope this book has opened up some dialogue and strengthened your relationship with your partner.

If you enjoyed using this book, please leave us a review on Amazon and share the book with other couples. You can even gift this book to your friends and family.

To receive email updates about future books, courses, and more, visit our website below to join our book fan community today:

www.ourpeacefulfamily.com/bookfan

Thank you again for choosing and using our book!

Marcus and Ashley Kusi
www.ourpeacefulfamily.com

OTHER BOOKS BY ASHLEY AND MARCUS

- Quizzes for Couples: Fun Questions to Complete Together and Strengthen Your Relationship

- Our Love Story Journal: 138 Questions and Prompts for Couples to Complete Together

- Questions for Couples: 469 Thought-Provoking Conversation Starters for Connecting, Building Trust, and Rekindling Intimacy

- Our Bucket List Adventures: A Journal for Couples

- Our Gratitude Journal: 52 Weeks of Love, Mindfulness, and Appreciation for Couples

- Emotional and Sexual Intimacy in Marriage: How to Connect or Reconnect With Your Spouse, Grow Together, and Strengthen Your Marriage

- Communication in Marriage: How to Communicate with Your Spouse Without Fighting

- First Year of Marriage: The Newlywed's Guide to Building a Strong Foundation and Adjusting to Married Life

ABOUT THE AUTHORS

Marcus and Ashley help overwhelmed newlyweds adjust to married life, and inspire married couples to improve their marriage so they can become better husbands and wives.

They do this by using their own marriage experience, gleaning wisdom from other married couples, and sharing what works for them through their website and marriage podcast, The First Year Marriage Show.

Visit the website below to listen to their podcast.

www.firstyearmarriage.com

To learn more about them, visit:

www.ourpeacefulfamily.com

"Marriage is a lifelong journey that thrives on love, commitment, trust, respect, communication, patience, and companionship." - Ashley and Marcus Kusi

SOLUTIONS

When You Think About Love - Page 1

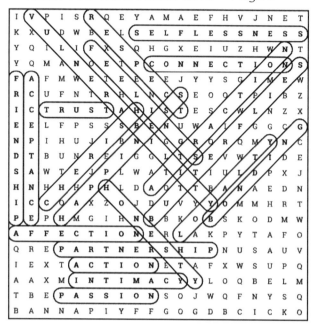

What A Relationship is About - Page 2

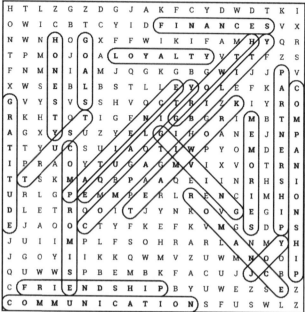

Goals Couples Have - Page 3

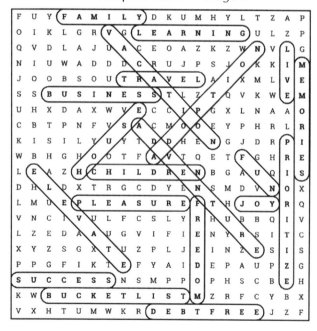

Hobbies for Couples - Page 4

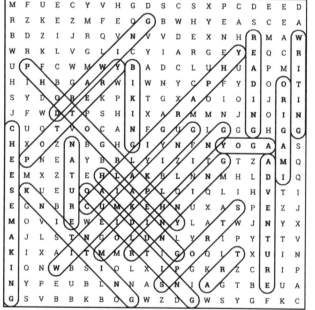

SOLUTIONS

Sex - Page 5

Dating - Page 6

Engagement - Page 7

Wedding - Page 8

SOLUTIONS

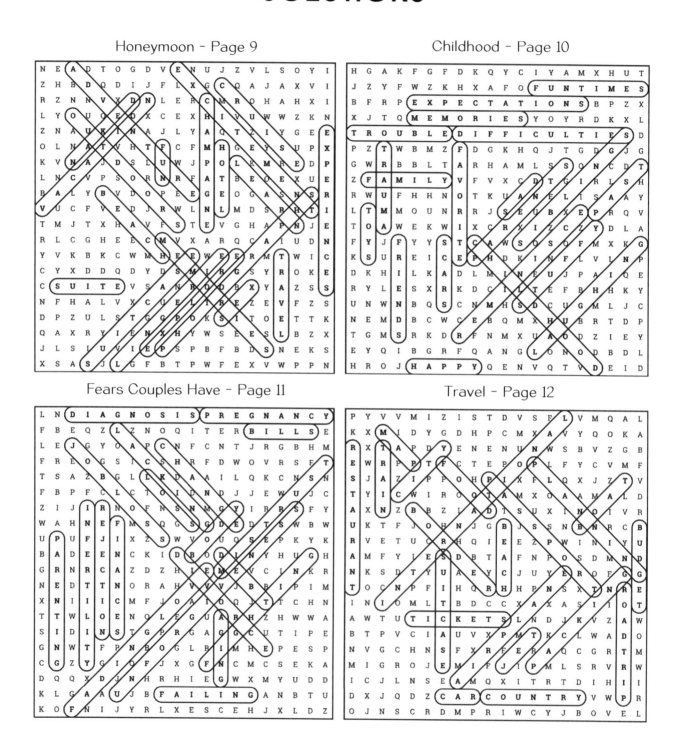

SOLUTIONS

More Sex - Page 13

Buying A Home - Page 14

Working Together - Page 15

Ways to Connect - Page 16

SOLUTIONS

Boundaries - Page 17

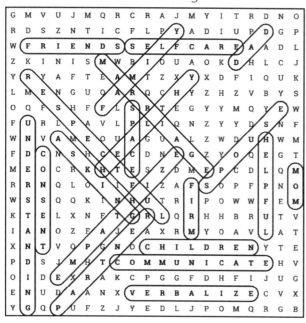

Relationship Character Traits - Page 18

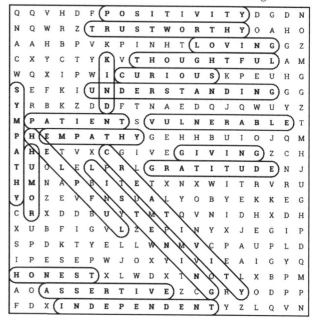

Resolving Conflict - Page 19

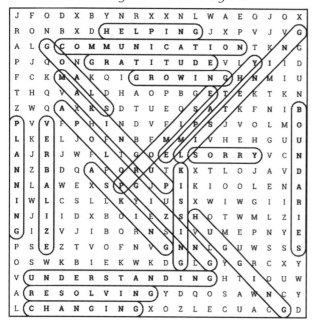

More Hobbies - Page 20

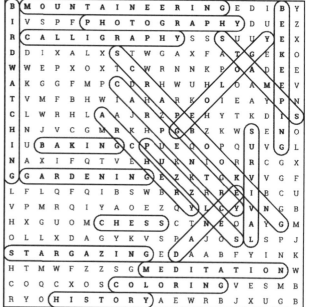

SOLUTIONS

Things Couples Talk About - Page 21

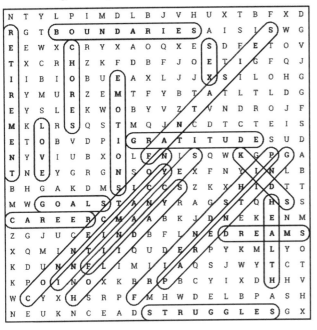

No-No's - Page 22

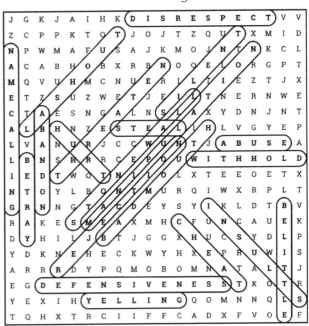

Recreation - Page 23

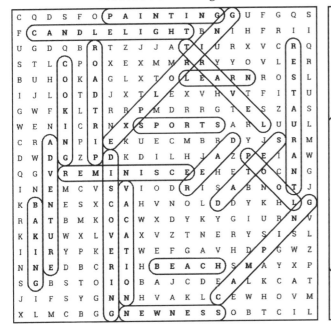

Opposites Attract - Page 24

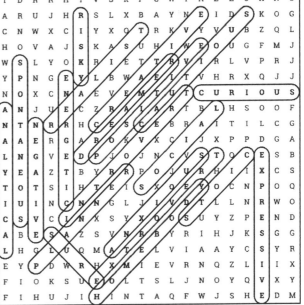

SOLUTIONS

Falling in Love Every Day - Page 25

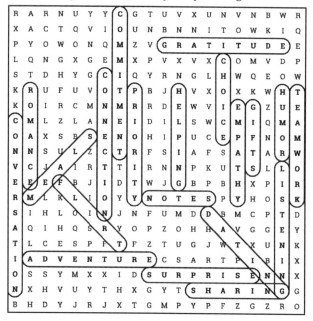

Acts of Service - Page 26

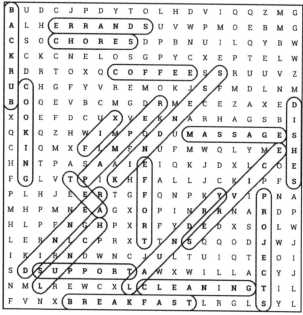

Sex Toys - Page 27

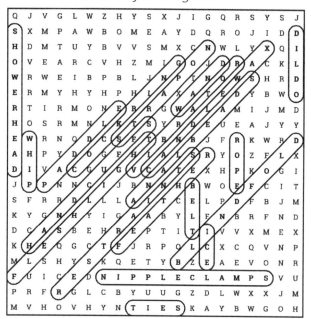

Things to Celebrate - Page 28

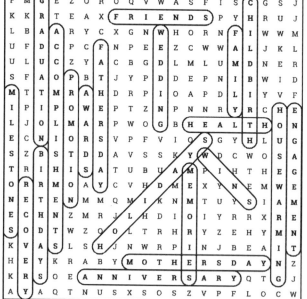

SOLUTIONS

House Chores - Page 29

Finances - Page 30

Work Life - Page 31

Meal Time - Page 32

SOLUTIONS

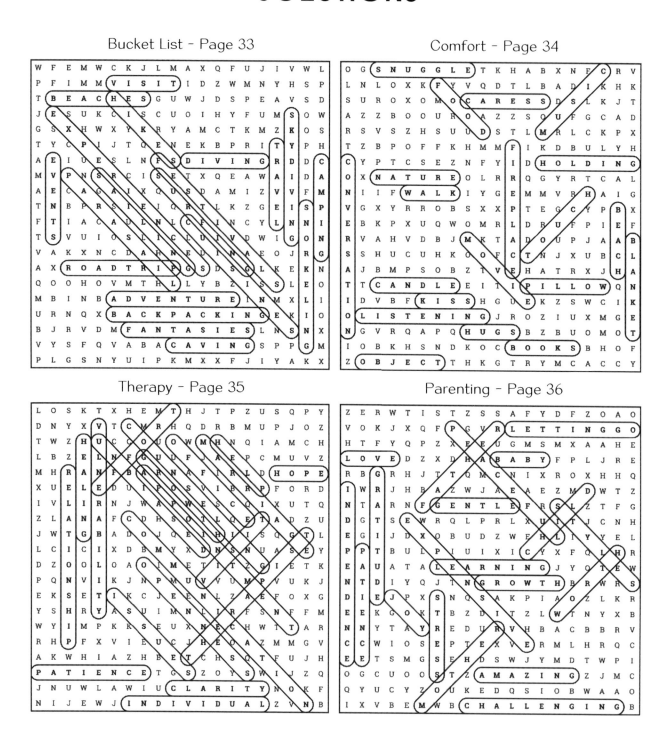

SOLUTIONS

In-Laws - Page 37

Growing Old Together - Page 38

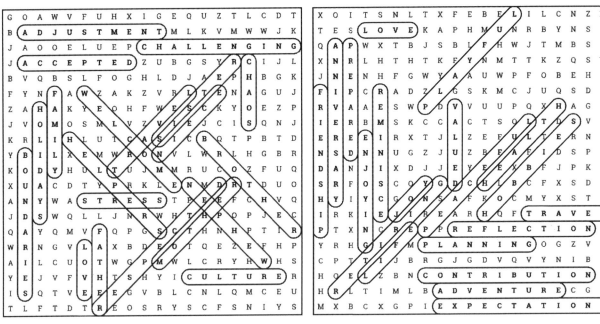

Anniversary Gifts - Page 39

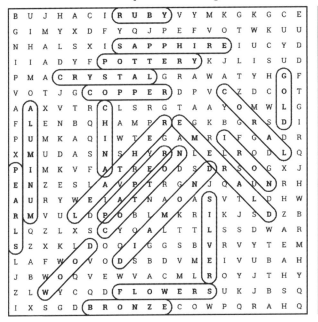

Favorite Things About Your Partner - Page 40

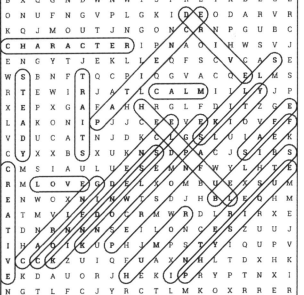

SOLUTIONS

Communication - Page 41

Roles in Relationships - Page 42

Aphrodisiacs - Page 43

Fun Relationship Goals (Acronym) - Page 44

SOLUTIONS

Activities to Do Together - Page 45

Past - Page 46

Present - Page 47

Future - Page 48

SOLUTIONS

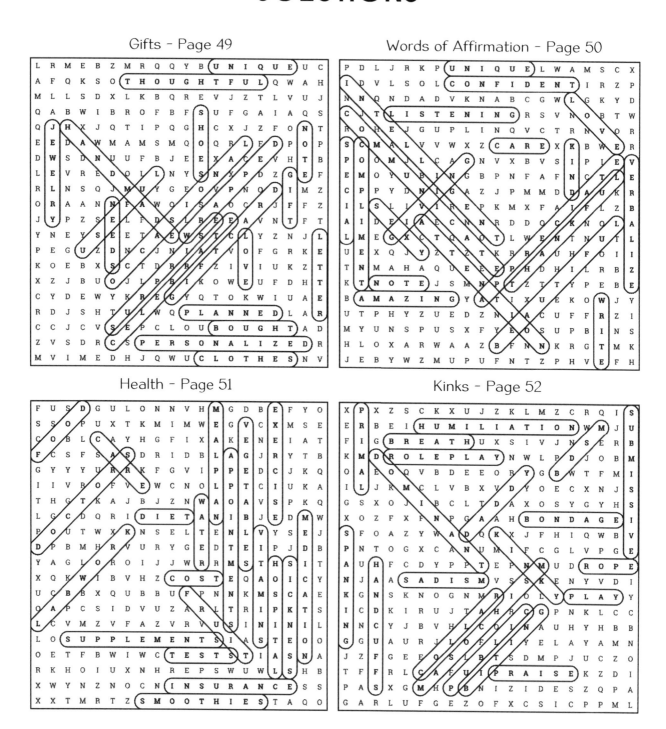

SOLUTIONS

Feelings - Page 53

More Activities to Do Together - Page 54

Relationship Checkup - Page 55

Essential Relationship Skills - Page 56

SOLUTIONS

Bad Habits - Page 57
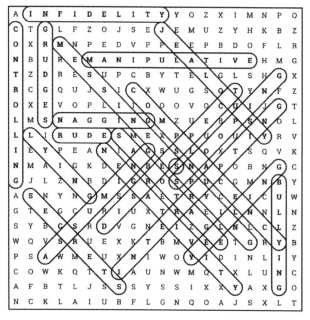

Things Every Couple Should Try Once - Page 58
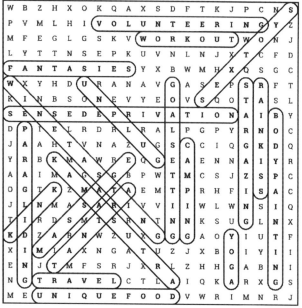

Emotional & Intellectual Intimacy - Page 59
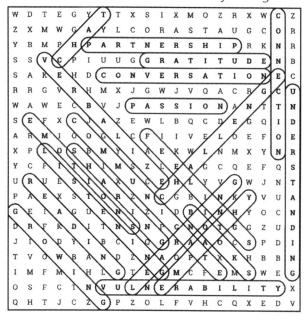

Physical Intimacy - Page 60
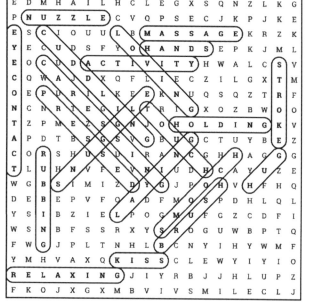

SOLUTIONS

Spiritual Intimacy - Page 61

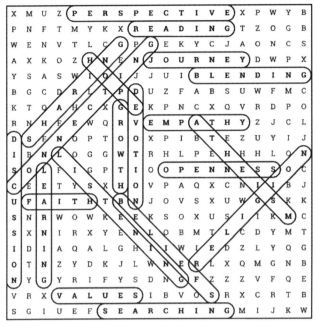

Sexual Intimacy - Page 62

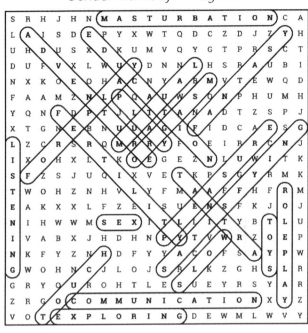

Fantasies - Page 63

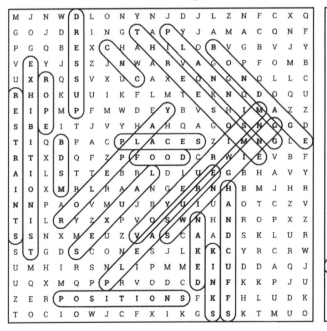

Best Things About Having a Partner - Page 64

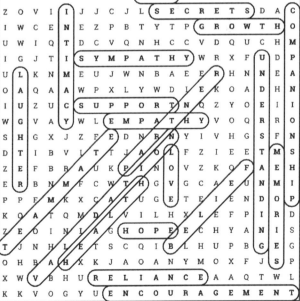

SOLUTIONS

Things Most Couples Argue About - Page 65

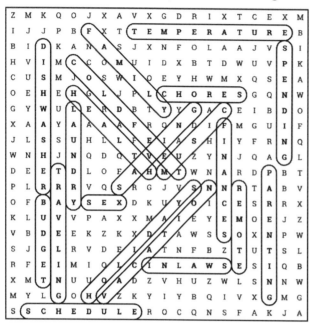

Places for Couples to Visit - Page 66

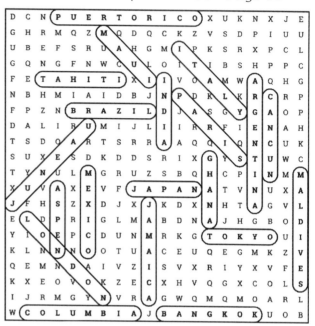

Things You'll See in the Bedroom - Page 67

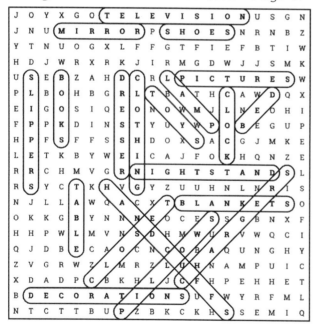

Places to Have Sex - Page 68

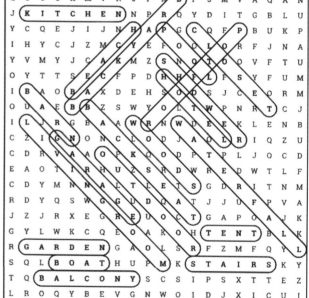

SOLUTIONS

Sex Positions - Page 69

Pregnancy - Page 70

Babies - Page 71

More Places for Couples to Visit - Page 72

Made in the USA
Middletown, DE
13 October 2023

40727509R00057